如何讨论

D

以最短时间达成最佳结果的 50 个讨论方法

THE
DISCUSSION BOOK
50 GREAT WAYS TO GET PEOPLE TALKING

[美]
史蒂芬·D.布鲁克菲尔德 Stephen D. Brookfield
史蒂芬·普莱斯基尔 Stephen Preskill

中国青年出版社 CHINA YOUTH PRESS 中青文传媒

图书在版编目（CIP）数据

如何讨论：以最短时间达成最佳结果的50个讨论方法 /
（美）史蒂芬·D. 布鲁克菲尔德，（美）史蒂芬·普莱斯基尔著；
包芳，谭淑文，刘白玉译.
—北京：中国青年出版社，2017.7
书名原文：The Discussion Book: 50 Great Ways to Get People Talking
ISBN 978-7-5153-4728-8

Ⅰ.①如… Ⅱ.①史… ②史… ③包… ④谭… ⑤刘…
Ⅲ.①人际关系—通俗读物 Ⅳ.①C912.11-49

中国版本图书馆CIP数据核字（2017）第085570号

如何讨论：
以最短时间达成最佳结果的50个讨论方法

作　　者：（美）史蒂芬·D. 布鲁克菲尔德　史蒂芬·普莱斯基尔
译　　者：包　芳　谭淑文　刘白玉
责任编辑：肖　佳　庞冰心
美术编辑：李　甦
出　　版：中国青年出版社
发　　行：北京中青文文化传媒有限公司
电　　话：010-65518035 / 65516873
公司网址：www.cyb.com.cn
购书网址：zqwts.tmall.com　www.diyijie.com
印　　刷：北京慧美印刷有限公司
版　　次：2017年7月第1版
印　　次：2017年7月第1次印刷
开　　本：787×1092　　1/16
字　　数：100千字
印　　张：14
京权图字：01-2016-4498
书　　号：ISBN 978-7-5153-4728-8
定　　价：39.00元

CONTENTS
目 录

让人生变得更完美的讨论方法论

本书篇幅不长，序言也较简短。

很长时间以来，我们两人一直想写一本简短、易懂的书。确切地说，是写一本指南，能涵盖最有成效的讨论方法，帮助人们成功地展开讨论，并围绕既定主题，进而进行更深入的讨论。任你去主持会议、授课或组织职业发展研讨会时，你可以把这本书放到口袋或者手包里。在路途中，你可以翻开这本书，快速找到几个新方法去尝试。关于这本书的内容，我们想套用系列剧《法网恢恢》中侦探乔·弗莱迪的经典台词来说明——"长官，这就是事实"，或者说，"这就是方法"。

本书是写给谁的

这本书的读者，可能比我们两个人写过的其他任何书的读者都要多。我们希望，无论在任何情况下，读者都能找到某种行之有效的小组讨论方法。无论是公司决策会议的主持人，社区、市政厅或教会的领导者，还是在教室授课的教师，都能从本书中受益。

我们无数次在不同场景下尝试过这些方法。除了与我们有合作的几百所中小学和大学外，这些方法还曾用于多个领域和场合，如大型公司（国际商业机器公司、明尼苏达矿务及制造业公司、冠群电脑公司、阿科公司）、飓风"桑迪"灾后社区团体、部队、卫生健康组织、教堂和非营利性机构，如纽约的戏剧发展基金会组织。使用这些方法的教育机构范围广泛，包括时装学院、矿业学院、整脊亚洲医学院、聋哑学校、神学院、部落学院，这其中也包括多个两年制和四年制学院及大学。

因此，如果你正在寻找一些简单易行而又便捷的方法用于会议、研讨会或课堂，以便大家参与讨论，并使讨论始终围绕主题不断深入，同时保证大家兴趣高涨，无疑这本书就是你的正确选择。

内容概述

本书没有按照传统体例分章节，而是列举了50条适用于不同场景、不同目的的讨论方法。在写作过程中，我们始终在设想和考虑读者的需求——无论在会议、课堂还是主题研讨会，我们都会提出，"我今天要让讨论更加充分"，"作为一个团队，我们应该更好地倾听彼此的想法"，或者，"我应该如何让今天的活动更加民主，让更多的人愿意参与讨论，以促进问题的解决"。

我们为这本书写了一个简短的读者指南，把讨论方法分为10大类，每大类有10个方法，且只适用于一个特定目的。如果首次与某个团队合作，建议你参考第一大类"新团队开展讨论的10大方法"，尝试其中一些方法。如果你意识到，有少数几个人一直在主导讨论，请参考"让讨论民主化"那一类，并从其中选择一个方法。

这就意味着读者不必通览全书后就能选取一个适合的方法，也不必按顺序依次阅读每一个方法。你可以从下列10个类型中，选择最适合你的一类开始读，看其中哪条方法对你的团队有帮助。

- 新团队开展讨论的10大方法

- 提出有效问题的10大方法

- 积极倾听的10大方法

- 不必发言便可进行讨论的10大方法

- 走出"舒适地带"的10大方法

- 针对书面材料进行讨论的10大方法

- 让讨论民主化的10大方法

- 小组讨论过渡到大组讨论的10大方法

- 增强团队凝聚力的10大方法

- 决策性讨论的10大方法

由于我们使用的很多方法出现在不同的类型中，在最后，我们还列出了适用于不同讨论目标的10大方法。

关于本书的网站

我们为本书创建了网站：www.thediscussionbook.com/，在这个网站上，读者可以找到我们的联系方式、本书所列方法的评价和应用情况，以及这本简短的手册中未涉及的其他方法，这些属于拓展方法，希望可以对读者有所帮助。

新团队开展讨论的10大方法

- 各抒己见

- 黑板讨论法

- 明确具体的讨论标准

- 个人思考—两人结对—大组分享

- 匿名反馈法

- 对有价值的发言给予赞赏

- 用一个词总结讨论内容

- 所有人参与讨论基本规则的制定

- 三人原则发言法

- 把能想到的一切想法速写下来

提出有效问题的10大方法

- 策略性提问法

- 开放式问题讨论法

- 投票选择重点问题

- 提出唯一的有效问题

- 焦点问题自由讨论法

- 尊重他人的询问：这个问题你怎么看

- "问题"求助法

- 团队示范法

- 问题头脑风暴

- 叙述性倾听和提问

积极倾听的10大方法

- 接力回应法

- 提问与反馈讨论法

- 重复或转述他人的话，提高参与性

- 理解力测试法

- 通过身体运动来解决复杂问题

- "问题"求助法

- 团队示范法

- 各抒己见

- 叙述性倾听和提问

- 用一个词总结讨论内容

不必发言便可进行讨论的10大方法

- 纸上对话法

- 绘图讨论法：视觉同传

- 音乐讨论法

- 适时保持沉默

- 书面交流表达观点

- 对有价值的发言给予赞赏

- 关键事件问卷（CIQ）法

- 黑板讨论法

- 匿名反馈法

- 把能想到的一切想法速写下来

走出"舒适地带"的10大方法

- 成为信仰者和欣赏者，而不是怀疑者

- 给参与者合理的压力

- 鸡尾酒会式讨论法

- 分角色表演短剧讨论法

- 音乐讨论法

- 绘图讨论法：视觉同传

- 通过身体运动来解决复杂问题

- "问题"求助法

- 黑板讨论法

- 匿名反馈法

针对书面材料进行讨论的10大方法

- 抽纸条发言法
- 选取需要肯定和质疑的话语
- 话题分解后再向他人讲解
- 为需要讨论的材料起标题
- 争议性议题小组辩论法
- 讨论前预习不熟悉的材料，讨论结束后通知结果
- 通过身体运动来解决复杂问题
- 提出唯一的有效问题
- 问题头脑风暴
- 把能想到的一切想法速写下来

让讨论民主化的10大方法

- 求同，哪怕只是暂时接受别人的观点
- 讨论前预习不熟悉的材料，讨论结束后通知结果
- 抽纸条发言法

- 各抒己见
- 黑板讨论法
- 关键事件问卷（CIQ）法
- 纸上对话法
- 接力回应法
- 投票选择重点问题
- 匿名反馈法

小组讨论过渡到大组讨论的10大方法

- 分组讨论后轮流回应
- 滚雪球法
- 求同，哪怕只是暂时接受别人的观点
- 纸上对话法
- 绘图讨论法：视觉同传
- 音乐讨论法
- 分角色表演短剧讨论法
- 通过身体运动来解决复杂问题
- 投票选择重点问题
- 关键事件问卷（CIQ）法

增强团队凝聚力的10大方法

- 参与者相互邀请，给出看法
- 理解力测试法
- 接力回应法
- 关键事件问卷（CIQ）法
- 叙述性倾听和提问
- 话题分解后再向他人讲解
- 对有价值的发言给予赞赏
- "问题"求助法
- 求同，哪怕只是暂时接受别人的观点
- 对成员的发言进行评论并作出决策

决策性讨论的10大方法

- 讨论前预习不熟悉的材料，讨论结束后通知结果
- 对成员的发言进行评论并作出决策
- 求同，哪怕只是暂时接受别人的观点
- "问题"求助法

- 关键事件问卷（CIQ）法
- 投票选择重点问题
- 为需要讨论的材料起标题
- 话题分解后再向他人讲解
- 提问与反馈讨论法
- 尊重他人的询问：这个问题你怎么看

适用于不同讨论目标的10大方法

- 对话讨论法
- 分角色表演短剧讨论法
- 主持人预留时间总结讨论，评价讨论过程
- 各抒己见
- 明确具体的讨论标准
- 团队示范法
- 所有人参与讨论基本规则的制定
- 匿名反馈法
- 黑板讨论法
- 提问与反馈讨论法

如何言语得体又切中要害，
如何让对方畅所欲言

我们都遇到过这种情形：新的一天开始了，又要去参加一个会议，当你走在去会议室的路上，脑子里杂乱无章，不知今天发言的重点是什么。或者遇到另一种情形：你必须参加一个关于领导力、员工或者专业人士职业发展的会议，在会议室，一位专家告诉你，如何成为一名更优秀的教师、领导者、决策者、团队带头人，如何打破陈规，如何运用技术，如何强调多元化，如何成为一名专业的教育领头羊，但你期待的是，如何摆脱这样枯燥乏味、饱受折磨的模式。相反的情形是，作为一名教师，你步入课堂，努力让学生讨论事先布置的阅读方法，但得到的回应是：学生异常安静，全都避免跟你有目光接触，根本不想说一个字，整个课堂气氛就像维多利亚时代伦敦浓浓的大雾，令人窒息。

如果你参加一个培训班，或者参加一个部门会议，你问自己："当这种情况发生时，我是否有一套秘诀能够解决这个问题？"当领导或者主持人开会时说，"欢迎大家提问题"，结果却没有一个人举手发言，这时你会暗想：是的，这种情况我遇到的多了。我们都经历过难以忍受的假会议或者假讨论：它们看起来似乎是以民主的小组讨论形式而决策的，但实质上这种让人们参与的开放式讨论很明显是个假象。说它是假象，是因为看起来似乎考虑了所有因素，但每个人都知道主要决策并不在会议室里。并且，从表面上看，人们似乎都很感兴趣，急于听他人的发言，但我们都知道，这就是一种有组织的游戏。你这样做的原因是，优秀的团队似乎都在这样做。但人们会信以为真吗？答案是否定的！

如果让你主持这种会议，你就会感到压力特别大。你走进会议室时就已经知道，你将面对冷漠和抵抗。如果在学校，你走进教室时就确信，学生根本没有完成你上次布置给他们的阅读作业，因此让他们讨论与阅读有关的问题无异于从石头上抽血。如果是一次会议，你清楚地知道，极端自我主义通常会占上风，你建议的主动发言将会大打折扣。如果是职业发展培训班，你很明白，将有许多学员会双臂交叉，放在胸前。这个肢体语言表明："想激励我探讨感兴趣的话题，你做梦！"

对于小组讨论的惯用做法，人们已经感到无比乏味，无限疲惫。我们自己也经历了许许多多异常枯燥的学校课堂、会议、以PPT为主的培训班，所以，我们自己也是小组讨论的怀疑者。就如同我看过的一个汽车车尾的标贴所言：人死之后，谁也不会遗憾自己为什么没有多参加一些会议。

然而，事情并不都是如此悲观的。事实上，小组整体保持沉默的原因是，没有一套规约或者实战法则来调动他们的积极性，让他们人人主动参与其中。在本书中，我们提供了50个最佳策略，让人们有目的地、充满激情地参与讨论。从城市里的高中到常青藤大学的博士教育项目，从公司到部队，从国际发展机构到社会运动团体，从社区小组到医疗保健机构，我们发现，人们所追求的是共同的目标。人们都要求非常实用的方法，来帮助他们完成下列任务：

• 让学生、员工、听众、同事、市民全身心地参与到小组讨论和决策制订中。

• 提供主持会议的新方法，让参会者充满激情地参与讨论。

• 鼓励小组成员专注于重要的话题，有争议的观点，关键的问题，而不是分心于细小琐碎的问题。

• 激励创新，这样人们能够主动地提出不同寻常的问题，发现新的视角，提出新的解决方法。

• 加强真诚合作，提倡团队精神，从一起制订小组时间表开始。

这些目标不太容易实现。但是，如果你按照小组讨论的方法去做，还是能够实现的。激发富有成果的小组讨论的核心，实际上非常简单。我们调查的每个组织、机构和社区，只有在满足下列条件的情况下，引人入胜的讨论才会发生：

• 讨论采用的实战方法必须保证人人能够平等参与，让人们注意力集中，鼓励新问题和新视角的提出。

• 事先设计好一系列创新的参与及决策形式，确保人们不会因陷入日常惯例的程序而失去兴趣。

● 领导者、顾问、培训师必须给学生或者学员示范，他们要求学生做到的，自己必须首先做到。

实战方法的秘诀——必须事先为即兴发言做好计划

我们两人都曾对小组成员能够即兴发言很有信心。在我们早期的职业培训生涯中，我们都认为，小组讨论表现是好还是坏，本质上是不可预测的。如果合适的人碰到一起，一定会有一个人人参与的充满激情的头脑风暴式讨论。我们并不是说这种事情根本不会发生，但在课堂上、组织会议上、社区生活中的确很少见。

然而，你可以做一些事情，确保小组讨论富有成效。你必须确保人人有平等的机会参与讨论，没有人因为性格强势的原因或者职位高的原因而独占鳌头。你必须找到一些讨论问题的方法，找到不同的解决问题的方法，因为不同的人处理信息的方法不一样，有时候结论也不一样。同时，人们要采用各种方式进行沟通——语言的、视觉的、图表的、动画的，并给予性格比较安静和内向的成员更多的时间去考虑，让他们做出自己的贡献。此书所列出的实战方法能够从方方面面激励全员参与讨论。

有时候，小组讨论经常偏离主题，因为人们常常根据自己所认知的小视野来讨论某个观点、某个话题、某个变革、某个问题。他们想根据自己的计划或者兴趣进行讨论，而常常忘记自己的讨论是否与主题相关，所以，你必须找到让人们专注主题的方法，同时也不要因此而失去很多个性的观点或独到的见解。这个平衡很难把握，你只有按照实战方法，提醒学生、会议参会人员、培训学员不时关注主题，才能够实现预期目标。这是我们50个实战方法中的第二个主要意图。

最难做的一件事情就是让人们保持新鲜感和开放的心态，但只有这样，在面对老话题、老观点、老问题时，他们才能想出新方法。我们遇到过一些非常富有创意的讨论，例如："也许A不是问题，其背后的B才是真正的问题。"当一个人的头脑里产生火花，就能激发其他人头脑里的火花，讨论就会继续下去。让这个成为课堂、公司、社区生活的一个日常惯例，还真需要一点方法。

将这个行为制度化的实战方法非常有用，尤其是由老师、领导者、培训师、部门经理或者顾问亲自示范有关方法。实现这个目标的核心是，提出一些好的问题，此书的实战方法中也给出了何为好问题的指导。当然，我们也必须亲自示范，后面我们再详细说明。

给讨论加点香料——充满激情的混合物

即使最能调动激情的讨论方法，如果过度使用，也会成为陈词滥调。你需要让人们感觉到，他们不知道今天的课堂、会议或者培训要讨论什么。这种不确定性让人们感到愉快！惊喜是人生乐事之一。如果采用这个方法能够让人们相互交流，那么他们自然也就积极参与到小组讨论中了。

没有一项方法是万能的，没有一项方法能够解决所有问题。小组讨论没有万能药。如果有人说他有这个方法，那么你就敢肯定，他一定不是专业人士，他属于那种敢承诺任何事情的人。

多样性是生活的香料。要保持小组讨论充满活力，你的讨论框里必须有很多调味品。今天采用"黑板讨论法"，明天采用"理解力测试法"，这样你主持讨论的锅里才会有新鲜的味道。本书所采用的50个实战方法是我们最常用的，但我们还有许多，并且还在不断开发新的方法。这些方法在我们开发的网站上都能够找到：www.thediscussionbook.com/，如果你每周有一次课，或者一次会议，或者一次培训，除去假期，那么此书的50个方法正好够你用一年的了。

对方法进行示范——言行一致

"按我说的做，不要按我做的做。"没有什么比这个信息更令人产生怀疑的了。这是假民主和假讨论的基础。我们曾经参与一个特别小组，调查某个公司各个方面的批判性思维情况，唯有这个公司的首席执行官例外。最终的结果是：公司内的所有人都不把我们的调查结果当回事。

根据我们的经验，所有的领导都是"神话"的牺牲品。这个神话是：如果你的意图是纯洁的，那么，奇怪的是，人们就多多少少呼吸了纯洁的空气，并认为，你的所作所为都是为了他们好；反之亦然。这就是领导力的真谛。

这种领导力是我们所有人一致渴求的。我们听到的对老师、领导者、管理者最常见的批评是，"他言行不一致"。或者，"她要求我们做到的事情，她自己却没有做到"。所以，如果你想利用小组讨论方法，你就需要向他们证明你自己也认真地参与其中。例如，在要求人们练习这些方法之前，我们两人总是给他们示范，我们俩是如何做的，有时候采用一个学员或者学生提出的话题或者问题。可能的话，我们尽量参与我们布置给学生的作业。

给学员示范非常重要，但并不是要求我们必须做得完美。你的目的是展示，你在努力地使用某个方法，而不是将其使用得完美无缺。当我们示范某个方法时，我们时常停下来，告诉学员将这个方法做好是多么困难，我们做得不好的时候，我们也会承认。当然，有时候我们也会做得非常好。我们认为，自己没有事先尝试并确认的事情，不应该要求别人去做。

关于方法

我们以特殊的形式展示每个方法。第一，陈述每个方法要达到的目的。第二，清晰并具体地描述每个方法，并说明如何使用。第三，说明每个方法的适用场合和情景。第四，介绍每个方法的优点。第五，提醒读者要注意的问题。第六，提出适合该方法的一些问题。

需要特别说明：经常有人问我们，是否可以使用我们写的方法。事实上，没有必要这样做。我们授权你使用此书中任何你认为有用的方法。我们希望你"盗用"此书，将这本书的内容传播出去！

你也可以按照你的方式改变某个方法。在使用时，可以删除某些事项，增加某些事项，或者将不同的方法有机地结合起来。无论怎么使用，我们都希望你取得成功！在使用此书的过程中，如果你遇到什么问题，或者有什么体会，请告知我们，我们将非常乐意与你分享。你可以通过以下邮箱联系我们：sdbrookfield@stthomas.edu，或者spreskill@gmail.com。

方法 1

各抒己见

各抒己见是一种小组练习（四到六个组员为一组）。这种练习旨在保证课堂、会议、员工培训、研讨会或其他任何小组活动的参与者，从一开始就参与到小组活动中。

目的

- 从一开始就创造机会，让每一个成员参与小组活动。

- 确保在活动初期，尽可能广泛地听取小组成员的不同观点。

- 防止过早产生一致或集中的观点。

- 让人们养成积极倾听他人观点的习惯。

- 防止过分外向和专断跋扈的小组成员对他人产生不适当的压力。

操作步骤

- 开始时，向小组成员提出一个问题、议题或难题。

- 给每个人两分钟时间安静地思考。强调这两分钟内要保持安静，并确保每个人都遵守这一规则。请大家粗略地做笔记，总结自己的想法。

- 两分钟之后，请大家分组讨论，五人一组。

- 小组成员依次陈述自己对所提问题、议题或难题的思考，这是小组内的首次发言。要求大家将发言时间控制在一分钟之内——但通常每个人都会占用更长的时间，如两分钟。

- 在某人进行陈述时，其他人不得打断或干扰。即使是"我认为您说得对""您真是一语中的"这类赞赏式表达，也是不允许的。这段时间内人们所进行的，实际上是5~6段个人陈述。

- 第一阶段的个人陈述结束后，小组活动进入第二阶段——开放、自由的对话。这一阶段无须按一定顺序进行，每个人都可以随时发言。

- 然而，在第二阶段，对于人们发言的内容有一条基本要求：人们只能围绕他人在第一阶段陈述的内容展开讨论。这包括：对他人在第一轮讨论中的发言提出问题、对一些产生共鸣的观点进行评价、对相左的想法提出异议、指出第一轮的发言如何开拓了自己的新思路等。

- 在练习的最后，人们总结：（1）他们听到的新见解或问题的解决方案；（2）讨论中出现的新问题。

适用场合和情景

在课堂、会议、培训或研讨会活动的初级阶段 我们通常会在一系列小组活动的第一次和第二次会面时，采用这种方法。

适用于不熟悉讨论过程的小组 我们曾经在大一新生、新召集起来的社团小组、重返高等教育的成人或一些习惯了严格会议程序的组织成员中，成功地使用这种方法。

优点

最初有两分钟时间进行安静的思考 因为有时间彻底地思考并为发言做好笔记，内向者、二语习得者和反思型的小组成员会觉得轻松。

在场的每一个人都有机会说出自己的想法 人们愿意倾听那些通常不发表见解的人发言，以至于了解他们的想法。

强调认真倾听的重要性 这个练习的第二条基本规则要求人们集中注意力，认真倾听其他小组成员的发言。

注意事项

参与者容易忽视时间限制 尽管主持人要求大家在首次陈述个人观点时，把时间控制在一分钟之内，但一些人天生就很难做到这一点。如果你主持一次讨论或会议，建议你用语言或手势（如举起"时间到"的牌子），及时指出某一次讨论应该结束了。

如果你在授课、组织一场职业发展研讨或社区论坛，你应该巡视全场，注意有没有人发言明显超时或打断他人的发言。如果发现有这种情况，请走到那一组人面前，告诉他们"轮到下一个人发言了"，或发出这样的提醒，"记住，每人只有一分钟"。

忽视第二轮的基本规则　第一次尝试"各抒己见"练习的人们，常常在第二轮自由讨论阶段忘记一条基本规则——仅围绕其他人在第一轮发言中发表的观点进行讨论。如果你正坐在某一小组中，你可以纠正过于自由的讨论；但当多个小组同时进行讨论时，你无法兼顾到各个小组。然而，如果真的出现这种过于自由的讨论，参与者非常有可能在关键事件问卷（CIQ）法（见方法10）中提出这一问题，你可以在下次见面时告知出现问题的小组成员，提醒他们遵守讨论规则。

适用该方法的问题

这一方法的优势在于它适用于不同类型的问题。

- 讨论如何最好地利用时间："今天我们最需要考虑的是什么？"

- 确定日常工作事项："在过去的一个星期里，什么问题占用你的时间最多？"

- 总结盘点性的问题："上次会面后，哪些方面进展顺利？"

- 应用性问题："什么例子适用于我们讨论过的这个理论？"

- 评估理解情况的问题："为什么假设A看似合理？""今天的课前活动中，最重要的一点是什么？"

方法 2

黑板讨论法

黑板讨论法由火狐基金的希尔顿·史密斯提出。这种方法通过视觉和图像形式，即时表达出一组人对某一问题的看法，非常有效。这个过程非常短暂——不超过五分钟——而且是安静地进行。无论是在确立改革议程前，广泛听取团队成员内心的忧虑，还是了解学生对某一议题或话题的理解程度，都不失为一种好方法。

目的

• 用图示法表达一个小组、团队或班级对某一议题或话题的见解，从而指出一致赞同的观点、不同或相左的观点以及待考虑的不相干的观点。

- 至少保证60%的参与度（通常是更高的）。根据我们之前的经验，黑板讨论法都确保了这一参与度。

- 为那些需要对信息进行加工处理，并通过视觉和图示形式表达自己观点的小组成员，提供参与机会。

- 内向、使用非母语交流和思考型的小组成员在发言时，不会感到窘迫。

操作步骤

- 负责人在黑板或白板（或电子显示屏）的中央写下问题，并把问题圈起来。有时，在会场礼堂或大型员工培训中，我们不得不把空白的纸张贴在几面墙上，以备大家写下自己的想法。此时，马克笔和粉笔放在一边备用。

- 邀请所有人站在黑板或白板前参与活动。负责人向大家说明：用大约五分钟的时间在黑板或白板上写下对板中央所示问题的答案，并要求大家保持安静。

- 通常，有些人会马上站起身来，开始在黑板或白板的不同位置，同时写出自己的答案。然后，在短暂的停歇后，会有其他人接着写。

- 请没有写下任何东西的人做另一项工作：在大家写下的答案中，找出相关联的观点，并用线连接起来。如果他们对写在黑板或白板上的任何观点有疑问或有自己的见解，也可以写在上面。

- 主持人也参与到整个过程中，连接相关联的观点，写下问题、个人观点等。

- 当整个黑板或白板全部写满，很难再写下新的东西，或者大家非常明显地停下来，不再有新东西可写时，主持人叫停这一部分。

- 接着，主持人和小组人员一起讨论大家写下的文字。他们应找出相同的答案、提出的问题和不同的分析视角，同时也要注意一些孤立生僻的观点。

- 负责人请大家拿出智能手机、平板电脑和笔记本电脑，拍下黑板或白板上的讨论成果。然后请自愿为大家服务的成员把图片发到团队的网站上。

- 如果是在某一公司或组织内进行这项活动，还应该把讨论过程中出现的新问题整理出来。随后，由大家主动组成新的团队来解决这些问题。

- 如果是在学术课堂上，用这种活动导入一个新的话题，指导者应该时常提醒学生，围绕写好的主题或问题进行讨论。

适用场合和情景

这种方法适用范围极其广泛。我们已经在很多学术课堂、职业发展活动、员工培训和社团会议中使用过这一方法。总的来说，这种方法在下列环境中最有效：

一系列会议或课程的开始　它让小组成员们看到，可以从不同的角度、以不同的方式，去理解一个话题或者解决一个难题或问题。

需要对问题进行宏观把握时　使用这一方法，可以从多个角度宏观地把握问题，并得到不同的解决方法。有效防止大家过早地把注意力局限于一些显而易见的解决方法上。

总结学过的知识或加深理解　可用于对长期项目进行盘点性评估，或在一堂课的最后进行总结。

成员来自不同组织或具有不同学科背景的团队　这种方法可以让

大家认识到，尽管人们工作和生活在一起，但每个人对问题的看法不尽相同。各个观点和黑板不同位置间的连线，也指出了人们共同关注的问题和可能达成一致的观点。

优点

可视性　这种方法受到视觉型学习者的青睐。他们可以通过图示、文字表达自己，而无须讲话。

有思考、加工信息的时间　尽管这一练习持续的时间短，但在大家写观点或将观点连线前，有更多的时间去思考和加工想要表达的信息。

参与度高　参与的人数比例较高。

避免外向者过于强势　任何人写在黑板上的东西，都不可能比其他人的更响亮、更有影响。

直观地记录信息　这一活动所生成的文字、图示可以留存，供之后的会议、研讨和课堂参考。

注意事项

小组人数要在可控范围内　20人的小组可以轻松地进行这一活动。如果人数更多，可能会出现一些问题，比如无法看清黑板、很难挤到黑板前写下东西等。

在大礼堂，我们通常会张贴白纸，做成四五块临时白板，请大家选择最近的一处。这么做的缺点是，每个小组要总结汇报自己的成果，导致练习时间延长。

小组成员互相聊天　对外向的人来说，很难忍耐五分钟不说话。

有些人会不可避免地与周围的人窃窃私语，甚至面对全体成员发言。你必须提醒他们，做这个练习要保持安静。

无人参与　通常，有些团队成员不愿离开座位去参与活动。这时，你所能做的就是走到他们面前，请他们移步到黑板前。

适用该方法的问题

• 答案多样化的问题：“什么样的做法看起来好、听起来好，或者让你认为是好的？”

• 考察理解情况的问题：“如何论证……？”

• 导入一个话题所需的问题：“关于光合作用，我们需要了解什么？”“你在哪种情况下看到过微歧视或对别人进行过微歧视？”

• 总结性问题：“这一研究的最重要发现是什么？”“决定我们成功的最重要的事件是什么？”“我们经历的哪些失败最值得我们学习？”“研究这一话题，我学到了什么？”

方法 3

接力回应法

接力回应法是20世纪30年代由成人教育家埃杜瓦德·林德曼开发的。这种练习的目的是帮助团队缩小要讨论的话题的范围，然后深入研究其中一两个主题。这种练习强调认真倾听和审慎回答。因为这种练习会造成一些紧张情绪，建议不要在团队刚聚在一起时使用。

目的

- 帮助团队成员从多个议程和主题中找出一两个，集中讨论。

- 鼓励大家认真、积极倾听。

- 看到同伴努力地以你的发言为基础继续探讨，从中感受到尊重和肯定。

- 通过让每个成员参与并影响对话过程，使小组的商讨民主化。

操作步骤

- 主持人或某一小组成员提出一个问题请大家考虑。

- 当有人愿意开始发言时，可以就该问题说出自己的想法，时间是一分钟。其间不允许其他人打断。当第一个发言的小组成员说完后，请其左手边第一个人接下去谈一分钟。然而，这里有一个要求：第二个发言的人要以第一个人的发言内容为基础，进而说出自己的想法。

- 大家绕坐一圈，逐个发言。每个人的发言，都要以前一个人的发言内容为基础。

- 大家的发言不见得都是对前一个人的赞同，也可以表达不同的见解或疑惑。可以说"以我的经验，这就是我为什么不赞同您的说法的原因"，或者说"我很难就您所说的发表看法，因为我完全不懂您所用的术语"。然后，进一步解释为什么你的经验不支持这一说法，或者哪些术语是你不熟悉的。

- 主持人可以参与讨论，但永远不要做第一个发言的人。

- 在大家都发言完毕之后，讨论就进入开放式对话阶段，不再遵循什么规则了。大家可以重新讨论之前的发言，也可以把对话导入一个新的方向。可以举例子、提问题、找寻关联、表达不同意见或提出新的思路。最后，就重要的主题和重大分歧进行分析。

适用场合和情景

大家不习惯倾听的会议现场　这种活动方式要求大家倾听其他人

的观点，而不是不断表达自己的观点，所以这种练习有助于在会议上帮助人们克服那些根深蒂固的看法和不愿意动摇的立场。

团队成员曾在一起共事过一段时间　这种练习方法不适用于刚组织起来的团队。要想组织好这一活动，成员之间需要有一定的熟悉度和信任感。

团队需要专注于某些可控项目时　这一练习使大家能专注于一到两个想完成的项目。

优点

系统性　已经发过言的团队成员愿意继续参与，并密切关注讨论过程。他们想知道下一个人会如何评论他们的发言，也想知道自己的观点会不会引导之后的讨论。

有被尊重的感觉　每个人在发言时，都会有人在认真听并做出回应。这一点让每个参与者都很高兴。

强调倾听　强调大家去认真聆听别人说的话，这是非常好的做法，也是很多会议和讨论都忽视的。

整个过程民主化　每个成员都有平等的发言机会，并有机会决定小组讨论的思路。

注意事项

永远不要让位高权重的人第一个发言　如果一个团队由公司或社会团体中位置不同的成员组成，那么不要让位置高的人第一个发言。

要留出足够的时间供大家思考　通常，刚听过别人的发言就要立即做出回应，会给人一定的压力。应该跟大家强调下，如果回应前一个成员之前需要长时间的暂停进行思考，这是可以也是非常可取的。
当大家进行第一轮讨论时，主持人自己应该在发言前停下来思考一
下，给大家做示范，让大家认识到这种停顿的重要性。

不要打断别人发言 在这一活动的第一轮讨论中，很难保证人们
不去打断别人发言。有时候他们太想说"多好的主意啊"或"确实
如此"。通常，人们支持一个刚听到的观点，就想马上用自己的经历
证明这一观点。对这种做法，必须进行阻止并强调：在这一环节，大
家应该认真倾听，让发言的人畅所欲言。提醒大家注意，在第二轮讨
论中，他们可以提问题、举例子、突出自己赞同的观点等。

防止成员产生失落感 个别团队成员会因为他们想讨论的主题没
有在第一轮活动中出现而感到失落。强调在第二轮活动中，大家可以
提出新的主题、指出被忽略的视角或介绍新的分析方法。

防止焦虑情绪 如果无法理解上一个成员所陈述的观点或无法回
应，参与者会感到焦虑。在活动的一开始，就要向大家强调：花点时
间去思考自己如何发言是非常必要的，而且完全可以说："我现在很
难想到要说什么。"但很重要的一点是：要试图解释清楚，为什么很
难对前 个成员的观点做出回应（比如，不理解其中使用的术语还
是没有类似的经验）。

适用该方法的问题

• 具有前瞻性的问题："五年内我们要完成哪些事情？""我们怎
样才能有效运作？""我们怎么完成任务？"

• 旨在从根本上解决公司无法正常运转的问题："我无法做好工
作的最大问题是什么？""这个新方案为什么无法进行？"

- 用于证明对某一话题的回答、解释或理解是否具有一定广度："这一假设为什么正确？""这里'表现专业'意味着什么？""你怎样看待史密斯的观点？""什么是霸权？"

- 应用性问题："这一创新的实践意义是什么？""你生活中什么时候经历过'霸权'？""布朗的理论为什么让我们质疑自己对A话题的理解？"

- 用于确定什么事情是最重要的问题："这个报告中最关键和最重要的一点是什么？""你认为哪一种说法最有说服力或最具争议？"

方法 4

纸上对话法

采用这种对话方式，大家不必发言。在安静的环境下，将各小组讨论的结果汇报给全体成员，让每位成员均有机会了解到各个小组的讨论结果。

目的

- 省去各小组口头向全体成员汇报讨论结果的环节。

- 使所有参与者均有平等机会对小组的发现进行评价。

- 该活动在安静的环境下进行，适合内向的成员和使用非母语交流的成员。

- 给大家时间充分思考他们对小组报告的看法。

- 进行平等对话，没有哪个小组或个人能对整个讨论施加过多的影响。

- 就讨论的要点形成文字记录，可以拍照和保存。

操作步骤

- 在大的课堂、研讨会或社区会议上，大家分小组讨论一个共同的主题、难题或问题。

- 每个小组都在大的白纸上，记录下讨论过程中出现的所有观点、问题和解决方案。告知大家，每个人都要认真阅读所有的记录，所以要尽可能具体和详尽地表述自己的观点。

- 各小组把写好观点的白纸张贴到墙上，并在旁边悬挂一张空白的纸。

- 给每个参与者一支马克笔。请他们绕着教室或会议室阅读张贴在墙上的观点，并在旁边的空白纸上写下关于这些观点的任何问题、回应、赞同或质疑。

- 通常，当大家分别研究这些张贴出来的观点，并写下自己的想法时，现场很快安静下来。

- 大约十分钟后，召集大家重新回到自己小组张贴的白纸前，讨论大家在旁边写下的评价。请大家讨论下，是否要对哪些评论和提出的问题进行回复。

- 全体成员重新集合起来，给各个小组发言的机会，就他们得到的评论进行回应。有时候，大家可能没有什么要补充的。这时，主持人应该说明，在这一活动中，每个人都以个人的方式与其他人进行了互动，彻底地了解了彼此的观点和看法。

• 离开教室和会场前，鼓励大家用手机或平板电脑拍下所有张贴在墙上的观点，以备之后的讨论和议程。

适用场合和情景

这种练习非常灵活，我们曾在多种场合下进行过使用。

员工和专业发展研讨会　我们曾在非营利性结构、公司、医院或卫生组织、部队、社会团体、教堂、中小学、学院和大学组织过这种练习。

有组织的主题会议　这项练习适合团队在工作地点之外进行的为期一两天的主题会议。

学术课堂　这种活动一扫小组报告这种形式的单调和乏味，让参与者感到新奇。

社区会议　这种讨论模式尤其适合人们处理危机的情况，例如，如何处理飓风破坏情况、防止驾车枪击案、控制超速行驶、阻止工厂关闭或医疗设施的停用等。

优点

有时间进行安静的思考　当大家拿着自己的马克笔，依次阅读别人张贴出来的观点时，整个现场是安静的。这一点很适合性格内向的人。

有时间处理信息　对那些需要时间思考的人来说，他们有时间去思考信息，想清楚如何更好地提出问题或作出回答。

平等参与　没有哪一组的结论比其他组更突出和重要。没有人能在"白纸"上更大声地"讲话"。从理论上说，行政助理和首席执行官写下的意见分量相同，学生和校长写下的意见也同样重要。

没有"表现焦虑" 因为所有成员会提前得到告知，这项活动中没有那种传统的小组汇报，所以大家可以免受"表现焦虑"的折磨。各小组向全体成员汇报讨论结果这一环节被取消，这使得大家不必担心如何在汇报中表现出色，也不必考虑选派哪个人向全组人员汇报讨论结果。

给成员活动的机会 这种练习可以让大家离开座位，在会场中走一走。大家都乐于在午餐后进行这样的活动。

留有永久记录 如果需要讨论的永久记录，这些写在白纸上的对话可以完美地替代会议记录。

自己的观点被大家所了解 每个参与者都愿意看到别人对自己的观点进行评价，因为这意味着他人对自己所表达的观点感兴趣。

注意事项

表达不够清晰 有时候成员表达的观点过于简单，意思不明，使读者不知所云。尽管在练习开始，主持人就要求大家尽可能具体、明确、详细地表述自己的观点，但仍然有些小组仅仅写下标题，几乎不作说明，也很少附上例子。

现场光线差 如果团队人数太多，成员会从人群中挤出来。他们往往读不到黑板或白板的内容，也无法挤过人群去靠近。

评价被误解为恶意 人们读到一些观点时，可能会提出一些问题或写下一些反馈，这可能导致发表原观点的小组成员觉得不够善意，或没有得到尊重。

外向者感到失落 这种练习在很安静的环境下进行，那些喜欢大声分析资料、表达观点的人会感到拘束。

态度两极分化 大家对于在纸上进行对话这种方式，态度呈两极分化。内向者很喜欢这种方式，而外向者则认为这种方式太依赖书面文字，有失落感，他们只想说出自己的想法。但请记住，至少有三分之一的参与者认为这种练习是有意义的。

适用该方法的问题

• 旨在了解团队对一项报告、课堂阅读或某一案例的反映所提的问题。

• 请团队思考一些共同经历的问题："遇到阻力时哪种应对方式效果最佳？""哪种拒绝是合理的？"

• 关注如何切实可行的问题："举例说明什么是真正的领导才能？""我们何时的工作方式最民主？"

方法 5

匿名反馈法

匿名反馈法是通过电脑设备进行的练习，可以快速从团队成员那里得到匿名反馈。可以用于组织讨论、检查理解程度、提出新问题。该方法适用于不同规模的团队。我们发现，小到15～20人的会议或课堂，大到市政大会、会议主题报告、研讨会，甚至几百人的大课堂，这种方法都非常有效。

目的

• 使每个参与者都有机会匿名提出问题、进行反馈、提出议题、发表评论、对接下来的讨论方向给予建议。

• 使整个参与过程民主化，每个人都有均等的机会发言。

- 即使讨论过程已经正在进行，大家仍有时间认真准备问题、提出问题或表达自己的观点。

- 找到一种替代小组报告的总结方式。

操作步骤

为参与者提供一条秘密渠道，说出他们关注的事情或者提出的问题。

下面以即时通讯软件QQ为例。

作为主持人，请你在屏幕上调出QQ界面，确保每个人都能看到。

- 向大家展示如何为一次会议创建一个独立的群组，并给这一群组一个独立的命名。所以，如果是一次讨论产品营销的会议，群组可以命名为"产品营销讨论组"。

- 接下来，打开群组聊天界面的"匿名聊天"功能。当然，如果你愿意，可以使用你的真实姓名。

- 请大家用智能手机、平板电脑或笔记本加入该群组，同时打开"匿名聊天"功能，以便匿名发帖发言。

- 鼓励大家只要有自己的想法，都可以通过"产品营销讨论组"，提出疑问、进行反馈、提出议题、发表评论、对下面的讨论方向给出建议。告知大家，每隔15分钟，你会把大家输入的信息展示在大屏幕上，这样每个人都有机会读到。当然，在屏幕上的QQ登录之后，大家也可以通过自己的电脑设备看到这些发言。

- 在大家输入信息发表自己观点的这15分钟里，你应该回复大家的帖子：回答问题、关注大家提及的新的讨论方向、探讨有争议的地方，并询问大家是否愿意就大屏幕上的发言进行交流。

代替小组口头汇报

这种练习方法的另一用途，是请各小组通过QQ群发布帖子，总结他们讨论的要点或提出的问题。这样，每个人都能阅读大屏幕上显示的帖子，无须各小组口头汇报。

所提问题能得到及时回复

最后，第三种用途是向全体成员提出一个问题。然后，无须大家说出自己的想法（这只是自信的外向者喜欢的方式），而是请大家登录QQ，把想法发布到创建的QQ群里。这样，只需花2～3分钟，而且现场是安静的，大家的参与度也远高于请大家直接发言表达。

适用场合和情景

适合人数多的团队　最初，我们是在观众数百人、互动非常多的主题报告现场，使用这一方法。

适用于讨论一系列的或有争议的议题　这种方法的匿名性，使人们可以通过虚拟身份发表观点和评价。这样，大家怕说错话而受苛责的恐惧心理就减少了。

适用于成员互相有疑虑的组织　通过QQ群聊匿名发表不同或对立的观点，大家觉得安全，尤其适合那些曾经因为说错话或不服从命令而受到伤害的人。

平等参与　同黑板讨论法一样（见方法2），没有人可以提高嗓门，淹没别人的声音，从而主导在QQ群进行的讨论。比起邀请大家大声说出想法、意见或提出问题，这种方法可以提高大家的参与度。

优点

按照自己的节奏发表意见　大家无论什么时候有想法，都可以随时提出问题或发表意见，即使面对面的讨论阶段已经在关注别的问题。这种方法还能给大家机会，按照自己希望的方式去组织和表达想法。

每个人都有机会影响讨论的进展　即使在口头讨论时你很少发言，也可以有机会影响讨论的方向和进展。

匿名性　这种方式使人们在进行批评、提出尖锐问题或发表容易引起争议的观点时，不必担心招来报复性行为。

没有"表现焦虑"　比起面对面的探讨，用这种方式交流，人们不必太担心如何让自己的发言听起来高明或者有学识。

注意事项

数码鸿沟　尽管智能手机、平板电脑和笔记本看上去无处不在，但也会有人没有这些设备。

屏幕展示干扰注意力　如果你在大屏幕上展示大家的帖子，每个人都能看到，这会分散大家的注意力，无法专注于正在讨论的问题。因此，我们希望在讨论的时候把屏幕收起来，只在每隔15分钟的讨论间隙才展示。

适用该方法的问题

通常，这一方法用于鼓励大家在讨论过程中，随时提出自己想到的问题。但有时候，我们也会提出具体的问题，请大家发表自己的看法。

举例如下：

- "承认或否认气候变化的最重要依据是什么？"

- "如何看待任务小组的最终结论？"

- "一个有效证明的要素有哪些？"

- "一个商品化的例子是什么样的？"

- "我们应该如何回应评论A？"

- "到目前为止，我们错过了什么？"

- "什么才是我们应该专注的问题？"

- "我们已经偏离正轨了吗？如果是，应该怎么做？"

方法 6

对有价值的发言给予赞赏

暂停式赞赏—便利贴式赞赏

讨论过程中，有些发言有助于加深大家的理解，有些发言借以提出新问题或者引出新思路。而我们最容易忽略的，就是对这样的一些发言表示赞赏。我们试图从两方面来强化这种赞赏："暂停式赞赏"往往在讨论过程中进行；"便利贴式赞赏"则发生在讨论结束时。

目的

- 在整个讨论过程中，留出时间对一些特别好的发言表示赞赏。

- 让人们感受到他人对自己的尊重和认可。

- 让大家了解什么发言才是有帮助的、可以提供有用信息的、启发性的。

- 增进成员间的友好，提高团队凝聚力。
- 鼓励比较安静的队员，让他们感受到团队对他们的尊重。

操作步骤——暂停式赞赏

- 每次讨论时，至少叫停一次，每次一两分钟。在这一两分钟内，只允许参与者评价和感谢那些有助于他们学习和理解的发言（教师的发言除外）。
- 通常大家表示赞赏和感谢的是这样一些发言：
  - ◆ 提出一个问题，引出全新的思路
  - ◆ 进行点评，厘清大家一直困惑的问题
  - ◆ 提出一个新观点，大家未曾想到的，并成功激发了大家的兴趣
  - ◆ 解释清楚两个其他观点或发言之间的关系
  - ◆ 举一个例子，有助于理解一个难以理解的概念

操作步骤——便利贴式赞赏

为大家赞赏的东西叫好

- 在研讨会、会议或讨论的最后，参与者在小便利贴上简洁地写下对其他人的发言或行为的称赞。
- 把便利贴张贴到黑板、白板和墙上，这样，每个人都可以看到这些赞美之辞。
- 把所有便利贴都贴好后，请团队成员到黑板、白板和墙面前去看。

• 除了张贴便利贴外，主持人还可以给大家读出便利贴上这些称赞别人的话。

总结汇报各小组的成果

• 另一个方式是，各小组在墙上的白纸上展示他们的讨论结果后，请大家把便利贴粘贴到他们想继续讨论的话题或结论旁边。

• 几分钟后，便利贴会聚集在一起，马上就会直观地显示哪个小组的讨论结果最受关注。

• 然后，整个团队可以进入下一个环节：讨论便利贴最密集的话题。

适用场合和情景

团队中女性居多的情况　说到这一点，我们也有些惴惴不安。但就我们的经验来看，女性较之男性，更愿意对他人表示赞赏。在一些女性成员居多的团队里，如医院和学校，组织大家表达对他人的赞赏，效果很好。

士气低的组织、团队、社团和群体　影响工作效果的重要因素之一是得不到赞赏，所以这一活动可以在开始组建团队或社团时进行。

优点

参与者感到被承认和肯定　当参与者的观点得到其他成员的关注时，感到获得了尊重和认可。

了解怎样帮助他人　有些团队成员同时在其他团队担任领导角色，通过这种活动，他们能更加了解如何去支持同事和下属。

对他人的赞赏非常具体　很多赞赏的话会对某些具体的行为进行详尽的描述。受到赞赏的人会觉得评价很有帮助，通常会下定决心更有规律地执行。

增强团队凝聚力　通常，在经过暂停式赞赏和便利贴式赞赏这种活动之后，团队的氛围和状态会发生明显的变化。

注意事项

缺乏实践机会　人们没有太多的经验，所以像很多类似的活动一样，主持人应该示范如何对别人表示赞赏。尤其是当一个团队在推进某一事件或对彼此的发言表示赞赏时，这种示范是有必要的。

不够具体　让自己表达的赞赏具体化，才能达到最好的效果。像"我欣赏你的观点"这样的评价在对话中起到的作用，远不及一个具体的评价。应该明确说明别人表达的某个观点如何让你感到意外、长见识或备受鼓舞。

适用该方法的问题

这一方法只适用于"你欣赏其他人在讨论中的哪些发言"这类问题，并不适合提出其他问题。

方法 7

分组讨论后轮流回应

这一方法用于汇报小组工作成果，各小组成员始终是聚集在一起的。

目的

● 确保每个参与者的成果都被课堂上、研讨会上或者会议上的所有人认真、详细地研究。

● 鼓励内向者和使用非母语交流者参与讨论、交流观点。

● 为讨论过的东西创建永久记录。

● 鼓励各个小组从多个角度考虑问题。

● 帮助参与者不断丰富最初的观点，让对话的进展更系统、有条理。

- 增强小组互动的多样性、丰富性和趣味性。

操作步骤

- 提出一个问题，请各小组讨论。我们通常分配给这一活动10 ~ 45分钟的时长。

- 每个小组总结讨论结果，并写到提前预备好的白纸上。鼓励大家尽可能具体描述，字迹要清晰。

- 请各小组把写好的总结张贴到墙上，并在旁边贴上一两张空白的纸。

- 团队全体成员起身浏览，分享各组的讨论结果。开始时，请各组成员站到自己贴出的总结旁边。

- 主持人请各小组按顺时针方向走到下一张白纸处或者说下一站。在这一站停留的时候，大家讨论那里贴出的讨论结果，然后直接在旁边预留的白纸上写下自己的想法、评价、问题、赞同或异议。

- 3 ~ 5分钟（时间限制可以根据问题或原帖的复杂程度而延长）后，各小组继续按顺时针方向走到下一站。这时，除了读原帖的观点外，也可以读前面那一小组写下的意见。

- 在第二站，各小组不仅可以讨论原帖并写下自己的想法，还可以就上一个小组留下的观点提出问题或发表评论。

- 重复这一过程，大家在回复之前各组观点的同时，会发现新的思路。

- 最后，当各小组回到自己原来的位置时，活动结束。小组成员阅读其他组留下的评论，并用五分钟讨论这些留言。考虑下，有没有什么想回应的？有没有什么不理解的评价？觉得哪些回应最有意思？

● 活动的最后，全体成员一起总结汇报。每位成员都可以谈谈自己对整个过程的看法，回复其他组留下的评论，或者回答其他人提出的问题。

适用场合和情景

以社区为基础的环境　这种方法非常适用于要听取差不多所有人意见的情况，比如，社区规划会议，并能成功推动所有人对彼此的观点发表自己的见解。这种方法丰富了输入的信息，使每个参与者都有机会考虑小组中新提出的话题。

学术环境　学生们尤其愿意绕着教室看看前面的每个小组留下的评论。这鼓励大家愉快地进行交谈，思考许多不同的观点。

公司或单位内部　如同在以社区为基础的环境一样，这一方法可以让你以相对安全友好和不具威胁性的方式听取同事的意见。

多视角的复杂情景　各个小组到达新一站时，都准备去了解写在那里的新观点，所以，他们不太可能漏掉不同的观点和反对意见。

优点

让参与民主化　这一练习中，各个小组展示成果的时间相同。大家自始至终都能享受到小组成员间的亲密无间。所有参与者均有平等的机会对其他组的讨论结果进行评价。

给成员活动的机会　我们通常是在下午的课堂或研讨会上进行这样的活动。那时，大家都很困且注意力不太集中。所以，这是一个特别好的方法，能使本来落入俗套和缺乏互动的过程活跃起来。

提供永久性的记录　在会议上，如果需要永久地记录对话内容，每一站写着讨论结果的白纸正好可以代替会议记录。

提高讨论的系统性 大家有机会以前面小组留下的评论为基础表达自己的观点，也可以回答他们留下的问题。

注意事项

思考最初提出的问题需要的时间 要根据问题的复杂程度调整思考时间。简单的、大家足够了解的问题应该控制在15分钟内。复杂的、开放性的问题则可能需要长达一个小时的时间。

每一站停留的时间 当各个小组绕着全场看的时候，要监控它们的进展情况，灵活地设定停留的时长。通常，每一站的停留时间是3~5分钟。

清晰度和具体性 人们第一次尝试这种活动时，往往会在总结中使用笼统的表达，没有足够的细节。这种情况会在下一次活动时得到改善。

过度关注细节 大家很容易对某一具体的发现和观点倾注太多注意力。提醒人们去关注那些很多人一致赞同的观点、反复出现的问题、重要的分歧和新提出的议题。

最后的全体总结汇报阶段可能失败 有时，进行到最后环节，全体成员一起总结时，之前各小组分别讨论的热烈场面被可怕的安静所取代。如果出现这种情况，就简单地提醒大家，已经进行过热烈的讨论。各个小组都已经认真了解、讨论和回复过其他小组的成果。

适用该方法的问题

- 开放性和多维度的问题，你需要从中发现人们思考一个问题或践行某种行为的不同方式，比如："包容性的行为意味着什么？""如何更加民主地工作？""我们小组、团队或社区的下个任务是什么？"

- 启发人们钻研难题的问题："我们为什么不能成为一个学习型企业？""什么会帮助我们把工作做到最好？"

- 请大家列举某种事物的核心元素的问题。"等效理论的要素有哪些？""一个学生成功的关键因素是什么？"

方法 8

滚雪球法

滚雪球法来自一个隐喻，即滚下山坡的雪球。在山顶上时，只是一个小雪球，但当它滚下山坡时，会加速，不断变大，到达山下的时候，已经变成一个大雪球。滚雪球式讨论，顾名思义，就是开始时每个人单独思考，然后在更大的团队中分享观点，直到每个人都参与其中。早期提出的主题会随着小组规模的扩大，不断扩展、深化和重新配置。

目的

- 确保每个人都有机会参与。

- 在一次实践中，提供多种活动方式——个人思考、两人交流、小组讨论和全班/研讨班一起分析。

• 确保讨论有机进行，早期提出的主题和问题被越来越多的成员讨论，贯穿始终。

操作步骤

• 作为主持人、主席或领导者，你提出一个问题请全组考虑或者小组提出一个大家希望讨论的主题。

• 给大家一两分钟的时间安静地思考这个问题，组织自己最初的想法。

• 接着，主持人请大家分别与另一个队友分享自己的想法。

• 几分钟后，每对队员找到另一对队员，分享自己对问题产生的新想法。同时强调，大家要找出不同的观点、提出的新问题，并发现逐渐显现出来的新议题。

• 几分钟后，再请刚才的四人小组两两结合，组成八人组。同样，大家找出不同观点、新议题和提出的新问题。

• 这个过程一直持续下去，不断形成更大的小组。

• 直到所有人都参与到一个共同的讨论小组分享彼此的观点时，这项活动就可以结束了。我们尝试过的最大的规模是65人的团队。

适用场合和情景

想要让小组互动过程民主化　在滚雪球式讨论中，每个人都对对话的进行有推动作用。

想让对话系统地进行　如果处理得当，在滚雪球式讨论中，每次两两结合的新团队以之前两个团队的观点为基础进行新的讨论，逐步建构主题。

优点

在活动伊始就可以亲切讨论　我们常常听大家说，两人一组分享观点是整个活动中最精彩的一部分。

系统地推进主题的讨论　随着小组规模不断变大，内向者和使用非母语交流者越来越沉默。然而，他们愿意看到更多人开始讨论他们的问题。

有机会与现场的每个人共事　滚雪球法的宗旨是：每个参与者最后都要和其他所有人在一起讨论。

产生各种不同的观点　当各小组在一起分享不同意见、议题和问题时，产生的观点多得令人吃惊。

给成员活动的机会　每次，各小组与其他小组组合在一起时，大家免不了要重新搬动桌椅，穿过房间，活动身体。这样可以很好地调节，以防大家因坐得太久而疲惫。

注意事项

参与度下降　随着小组规模逐渐扩大，参与度明显下降。通常，在八人一组时，大家还是明显会参与讨论的。但超过八人以上时，通常很自信的外向者会主导讨论过程。然而，这些在更大的小组中讨论的东西，通常还是来自内向者在两人组和四人组中的分享过的观点。

小组的总人数可能呈奇数　这种活动最适合32人或64人的团队。但很少会遇到这种特别合适的人数，所以在互动过程中要进行调整。

过多地总结已经讨论过的内容　当两个小组结合形成新的小组

时，他们通常会总结概括已经讨论过的内容。要提醒大家，在结成新的团队后，大家只需要突出原小组观察到的不同意见和差异性内容，以及所提出的新问题和任何在讨论过程中产生的新议题。

适用该方法的问题

好的问题，应该可以在答案中给出一系列的回应和解释。而且，每个人均可参与其中，或因为他们了解话题的相关资料，或是有过亲身经历。

- "这一研究中最重要的发现是什么？"
- "我们的任务说明中，哪一部分最需要我们贯彻实施？"
- "在我们检验的假说中，检查哪一部分最有意义？"
- "作为一个团体，我们代表什么？"
- "我们如何判断我们检验的哪一条理论最有用？"

方法 9

对话讨论法

对话讨论法通过举例，具体说明如何用不同方式进行讨论，给人们提供机会进行真正互动的讨论。这种讨论的基础是认真倾听回复别人的发言。如果结合"随机抽取对话角色讨论法"（见方法49）使用，这一方法的效果很好。因为，这里提到的行动，正是我们建议大家扮演的角色要采用的具体行动。

目的

- 更全面地了解怎样才算完全参与讨论。
- 让参与者在具体讨论活动中进行实践演练。
- 让大家共同努力参与讨论，在这个过程中，重视认识并强化团队成员间的联系。

· 提醒大家注意经常被忽略的讨论行为，如表达感激、有意识地使用肢体语言、要求大家保持安静。

操作步骤

· 主持人准备若干不同的会话行动，并写在不同的纸条上。每个行动都是一个成员可以在讨论过程中采取的具体行动或表现的行为。典型的行动如下：

◆ 提出问题或做出评价，以此表达你对一个人所说的内容感兴趣。

◆ 提出问题或做出评价，以鼓励一个人详述之前的评价。

◆ 做出评价，强调两组人的发言之间的联系。

◆ 使用肢体语言对其他人的发言表示兴趣。

◆ 具体评价一个人的观点如何有帮助或有用。

◆ 明确地以其他人说过的话为基础阐述自己的观点。

◆ 通过解释或称赞其他人的发言来表达自己的观点。

◆ 进行总结性评论，要考虑到多个人的发言并谈及讨论中反复出现的主题。

◆ 如果你认为时机合适的话，请全组成员安静片刻，放慢对话的速度，给你和他人思考的时间。

◆ 如果你从对话中获得了有价值的东西，请用具体的例子说明其价值并表达你的感激。

◆ 如果你不同意某个人的观点，以尊重对方并且有助于对方的方式提出异议。

◆ 为一直没有发言的人留出时间。

◆ 在讨论开始之前，将纸条上写有对话行动的一面向下，或者折叠好放在桌子或房间的中间。团队成员随机抽取一张纸条，上面写着他们要采取的行动。在讨论过程中，团队成员按照纸条上的指示采取具体行动，至少一次。告诉他们不得向团队其他人展示纸条的内容。

◆ 然后，参与者们就当天的问题或话题展开讨论。他们可以随时以任何方式参与讨论，但告诉他们，只要有机会，就要采取纸条上提示的对话行动。这一环节不可强求，提前告知大家，他们也有可能一直没有机会采取指定的对话行动。

◆ 讨论结束时，请团队成员与全组人分享他们抽取的对话行动，并探讨按照指定方式行动是一件多么有挑战性的事情。

适用场合和情景

在扩展讨论行动的各种方法时　这种方法有助于改变讨论的活跃程度。比如在下面这些场合中，请大家在对话时暂停，或因为某一发言帮助你更好地理解了某个内容而表示感激，或清晰地以别人的发言为基础发表自己的观点，对话讨论法都有助于增强讨论的互动性。

当你试图引入新成员进行讨论时　这些具体的行动方法有助于引导新加入讨论的人采取有益的讨论行动。

优点

这是一种创造性的能量　我们曾经用这种方式帮助纽约剧团的低收入年轻人表演百老汇戏剧，并在表演之后与他们进行讨论。根据主持人的报告，这种方法很好地激励了大家。

具体性　对不同行动的描述都很具体，大家喜欢这一点。

精心的安排，应用起来无拘束　这一方法向大家提出要求，在基于讨论的课堂上应该怎么做。对此，大家丝毫没有感到受约束，反而很赞同。

注意事项

表现焦虑　有些参与者过分关注他们应该采取的会话行动，而从整体上忽略了正在讨论的内容。要强调，采取对话行动并不是讨论的重点。只有机会合适时，你才需要采取行动。

太过花哨　尽管有人喜欢这种方法的具体性，但也有人把这种方法看作一种噱头。所以，不要在这上面花太多时间。控制对话不要超过15分钟，让大家短暂地体会一下这种方法。

遗漏最后的分享环节　在最后，请每个人与大家分享自己抽取的指定行动，这是很重要的。了解这些行动和采取这些行动的难度，有助于我们在讨论中尝试更多不同的方式。

适用该方法的问题

这种方法适用于任何问题。

方法 10

关键事件问卷（CIQ）法

关键事件问卷（CIQ）只有一页，五个项目。讨论主持人通过这种问卷，获得参与者匿名反馈，了解讨论的进展情况。

目的

- 提供正规可靠的信息，以便了解大家在讨论过程中的感受。

- 帮助主持人判断自己采取的那些帮助大家学习的方法是否正确。

- 及早发现问题，不至于对问题失去控制。

- 帮助参与者了解一个团队中不同的学习风格。

- 指导者和带头人向大家示范，说明什么是批判性思维。

- 用准确的视角把控不配合的行为。

操作步骤

• 在课堂、会议、研讨会或员工培训快结束的时候，主持人给大家发一张表，列出下面五个问题：

◆ 学习时，你在哪一刻最能投入其中？

◆ 学习时，你在哪一刻最无法投入？

◆ 我们采取的哪项活动对你的学习最有帮助？

◆ 我们采取的哪项活动最让你不明就里？

◆ 今天的会/课堂上最让你意外的是什么？

• 告知参与者不要把名字写在表上，下次集合上课、开会或研讨时，将一起总结表上所反馈的信息。

• 给大家3~5分钟的时间填表，并请一个自愿帮忙的参与者把表收起来交给主持人。

• 在下次集合前，主持人看一下大家填好的表，并总结主要的反馈信息。如果超过10%的参与者都提到某个问题或某一活动，就应该总结出来。

• 团队再次集合时，主持人向人家汇报CIQ反馈情况，指出其中大家提出的问题、期待的一些变化，在主持人看来有助于大家学习的那些活动是否得到大家的认可或质疑。如果可以通过电子设备更早地向大家汇报，就尽早进行。

适用场合和情景

这种方法极其灵活。我们已经在一些多个组织共同参与的活动、社区活动和学术活动中使用过这一方法。

适合团队在第二次集合或之后任何一次集合　CIQ只能用于那些见面次数不止一次的团队，因为这种方法最具推动力的部分就是把大家反馈的信息总结出来，再汇报给大家，并讨论这些反馈如何影响接下来的活动。所以，这一方法不适合短时的、一次性的活动，比如两个小时的培训或者一次性的社区论坛。

为期一天的活动　这种方法也适用于为期一天的讨论会或研讨会。大家在午饭前把表填好，主持人在午饭时收集大家的反馈。下午活动开始时，就可以向大家汇报上午反馈上来的信息。

优点

及早控制不合作的情绪，避免其发展到无法控制的地步　CIQ法可以及时提醒领导、教师和主持人，注意到尚在萌芽状态的任何问题。这是一种预警机制，有助于解决一些活动中逐渐显现的问题。

提供可靠信息帮你做出明智的决定　通过这种方法，你以来自参与者的信息为基础做出决定，而不会仅仅出于直觉和观察。

让参与过程民主化　在CIQ活动中，每个人都有同样的机会影响活动的发展进程。

让大家认识到现场观点的多样性　对问卷结果的报告会让参与者们看到：对同一事件，大家的体验方式各不相同；对同一内容，大家的解读也会大相径庭。通过这项练习，人们不会再期待让大家都接受自己的感受，也不会想当然地认为所有人的想法都跟自己一样。

帮助教师和带头人证实他们所使用的多种方法是合理的　CIQ一法展现了多种讨论体验和对讨论的多种理解，从而有力地证实了不应由一种单一的方法和活动主宰整个活动。

为成员如何在讨论中进行批判性思维做出示范　汇报问卷结果的时候，教师和带头人还可以跟大家分享：怎样做可以最好地帮助大家学习或组织会议，而最终报告是证实还是质疑了他们最初的这些设想。主持人也可以描述CIQ结论所建议的新观点。

正确看待反对意见　少数外向者表现出的反对，很容易被解读为课堂、会议或研讨会上人们做出的唯一反应。CIQ一方面帮助你认识到这种反对意见远没有你想象得那么普遍；另一方面强调如何帮助更为内向安静的学生或成员。

注意事项

只关注负面评价　为了试图照顾到每一个人，主持人可能会花更多的时间处理小概率的负面意见。

报告占用太长时间　有时候，比如在CIQ的反馈在很大程度上证明大多数人对活动进展比较满意，人们就很期待根据议程安排进行活动。

总是遵循大多数人的意愿　经常会出现一种情况，大多数成员不喜欢一项活动，而少数人则认为该活动有益。比如说，外向者不喜欢"黑板讨论法"中强制大家保持安静。但是，如果少数人发现某项活动有益，那就应该坚持自己的观点，并指出：为了照顾到每一个参与者，应该保留各种各样的方法。

谈判而不是妥协　有时，你得到的反馈可能都是负面的。比如，当你拒绝向大家透露答案而要求他们自己思考的时候。有时，大家强烈反对你安排的议题。比如，资历较浅的团队拒绝讨论以公司最高绩效标准要求每个成员的问题。这种情况下，你需要承认参与者的反对意见，但也要解释你为什么不会改变议题。

在CIQ反馈中伤害到其他参与者　如果人们指名抱怨某一参与者，我们不要把原话放到报告中，而是把这种针对某一个人的批评重新组织，转变成一种需要解决的、一般性问题。所以，不要在报告中说"有三个人认为乔太过强势"，而是陈述为"有三个人指出，需要确保每个参与者都有机会发表观点"。

适用该方法的问题

这是一种形成性评价工具，问题在所列的表中。

方法 11

策略性提问法

倾听、发问和回应是讨论成功的基础。提出有价值的问题是一项很难掌握的技能，需要了解如何提出不同类型的问题。策略性提问法所设计的活动，旨在使参与者练习如何使用不同的方法提问。

目的

- 鼓励所有参与者提出更多的问题。

- 练习使用各种不同的提问方法，以便加深对某个话题的理解。

- 让大家学会如何提出探究性的问题，而非责难性的问题。

- 强调思考性问题对于推动讨论的进行所起的作用。

操作步骤

- 主持人介绍旨在使讨论更深入的不同问题类型——描述这些问题类型的单词首字母组成了一个便于记忆的词组"CLOSE-UP"：

清晰（Clarity）"你这么说是想表达什么意思，可以用另一种方式表述一下吗？"

关联（Linking）"这跟我们之前了解的信息有相似之处吗？你的观点跟阿马尔菲的观点有什么关联吗？"

开放性（Open-ended）"这里发生了什么？你为什么对这件事感兴趣？"

综合（Synthesis）"我们讨论过的内容里比较突出的问题是什么？还有什么大的问题没有解决？"

依据（Evidence）"你是如何得出这一结论的？你这么分析的依据是什么？"

理解（Understanding）"你认为为什么会发生这件事？你怎么解释这一情况？"

优先级（Priority）"关于这件事，什么对你最重要？这里，我们需要考虑的最重要的价值或原则是什么？"

- 大家组成三人小组，轮流分享观点、提问和旁听。

- 由一人提出一个话题供大家考虑："什么算切实可行的做法？""作为一个团队或组织，我们何时处于最佳状态？""这项调查最重要的结论是什么？""下一项对你意味着什么？""我们如何用这份报告改善我们正在进行的工作？"

- 在三人小组中，分享观点的人首先回答这一问题。提问者根据

CLOSE-UP分类，提出不同类型的问题，以帮助回答问题的人深入思考。

● 旁听者记录这一过程，写下提问者提出的不同问题。五分钟后，三人小组暂停讨论，旁听者指出刚才所提出问题的种类。

● 三人互换角色，重复刚才的练习。五分钟后，再次互换角色，进行最后一次练习。这样，每个人都分别扮演了分享者、提问者和旁听者。

适用场合和情景

需要掌握提问方法的情况 教师、培训师、职业发展协调人和社团活动者都需要了解如何提出不同的问题，以推动讨论进行。

缺乏提问经验的团队 那些在公开场合被噤声的团队，可以通过这种方法，有力地向相关部门或单位提出质询。

供学院或大学教师使用 这种方法可以向学生展示，如何用好的问题让学术活动活跃起来。

优点

获取各种各样的问题 有一系列容易记忆的不同类型的问题供大家选择，这有助于人们提出更多、更有效的问题。

认识到提问的效果 通过提出各种不同问题，一个大约五分钟的对话会出现令练习者意外的大量有效信息。

注意事项

不要急于一次提出以上所有的七种问题 没有必要把七种问题都

用到，用到三四种问题就很好了。

发表观点的人谈兴大发 如果"发表观点的人"对所谈话题特别感兴趣，就会变得滔滔不绝，以至提问者没有机会发问。提问者应该在对话中扮演积极的角色，适时打断，把讨论引入正轨。但即使某一次交流不能按计划进行，三次轮流练习机会的设置也可以保证：每个人都有机会借助有效的问题引导，完成一次互动。

跳过总结环节 如果参与者对所谈话题特别感兴趣，就可能导致讨论时间过长而没有足够时间进行小组或大组总结报告。确保要为这一步留出时间。这种练习的意义就在于：提高大家对不同提问方式的了解、给大家提供机会提出不同类型的问题。要始终让成员关注这种练习如何帮助大家深入理解一个议题，如何提出新的思路和可行性方案。为了达到这一目标，最后的总结报告环节尤为重要。

适用该方法的问题

• 引导大家思考自己个人经历的问题："你如何判断你的学生或同事是否真的在学习？""在你看来，怎样的一个工作日称得上是精彩的？"

• 引导参与者就一篇文章、报告和案例发表观点的问题："这一调查最重要的结论是什么？""下一项对你意味着什么？""我们如何用这份报告改善我们正在进行的工作？"

• 引导大家对某一议题表明立场，并说明理由的问题。"我们如何用这份报告改善我们正在进行的工作？""如何让更多的人参与我们的研讨会？""我们应该如何评价学习效果和学习过程？"

方法 12

开放式问题讨论法

开放式问题讨论法，是策略性提问法的变体。如果出现依赖封闭式问题的倾向，这种问题可以提醒大家注意，并把封闭式问题转为生成性、开放式的问题。

目的

- 当参与者过于频繁地提出封闭式问题，提醒他们注意。

- 提供练习，用于区分开放式和封闭式问题。

- 帮助人们学习如何把封闭性问题转化为生成性问题。

- 改变人们对开放式问题的认识误区，即误认为开放性问题过于松散，没有重点。

操作步骤

• 在四五人的小组里，给参与者十个问题。其中一些问题很明显是开放式的，一些很明显是封闭式的，另一些是不明确的。

• 队员们一起讨论用于区分开放式问题和封闭式问题的指南。

• 可能用到的指南包括：开放式问题没有唯一、最终的答案，而封闭式问题的答案通常是唯一和终结性的；开放式问题通常以"怎么"或"为什么"发问，封闭式问题常以"什么""谁"或"什么时候"发问；封闭式问题的答案易于探索，但开放式问题的答案通常过于复杂，需要进行广泛的探索；封闭式问题的答案通常是客观的、事实类的，而回答开放式问题通常以个人经验为基础。

• 各小组根据指南，把给出的每一个问题分别标注O（Open-ended，开放式问题）、C（Closed，封闭式问题）或A（Ambiguous，表述有歧义、不明确的问题）。

• 标注好以后，各小组重新修改问题，把封闭式和不明确的问题转化为开放式问题。

• 每小组从修改后的所有问题中，选出一个最能鼓励大家活跃进行讨论的问题。

• 最后，各小组运用各抒己见讨论方法，讨论最终选定的问题。

适用场合和情景

适合年轻成员组成的团队　K-12（即从幼儿园到12年级）教育家丹·罗斯坦和鲁兹·桑塔纳曾在其著作《老师怎么教，学生才会提问》中提出了有名的"问题形成方法"。开放式问题练习多多少少以这一方法的第一步为基础，因此，尤其适用于学校和以年轻人为主的团队活动。

适用于公司股东和管理层会议　养成提出开放式问题的习惯，能够产生服务于讨论的新话题和新途径。

用于团队评估　结合评估预定目标完成情况的标准，开放性问题有助于发现意外的结果和被忽略的成果。

用于培训主持人、带头人和教师的研讨会　我们通常在研讨会上使用这种方法，激发主持人、带头人和教师的创造力以及包容性。

优点

创新性和开放性　学生们喜欢开放式问题，因为这样的问题有助于激活思维，进行开放式讨论，也能避免猜测正确答案的压力。

提高成员的公平参与感　因为没有唯一的准确答案，每个人在回答问题的时候大致处于同样的水平。

实践性　区分封闭式问题和开放式问题，强化开放式问题的价值，也有助于了解如何更便捷地形成开放式问题。

注意事项

过度纠结于问题类型　有时没有清晰的界限来区分问题类型，尤其是一些看上去不够明确的问题。提醒大家不要在这上面花太多时间。这一方法的主要目标在于给大家具体的练习机会，重新组织问题，使其更加开放。

想要知道"正确"的区分标准是否已经形成　有时候，大家花了太多时间讨论区分开放式和封闭式问题的标准。要在适当的时候，提醒各小组应该开始对具体的问题进行分类了。

难以选出最终讨论的问题　在练习的最后，当小组需要确定一个问题进行简单的讨论时，大家会发现他们会对三四个问题都很感兴趣，很难做出最终选择。同样地，要提醒大家注意，练习的重点在于去认真考虑这个问题，而不在于他们是否选择了"对的"问题。

误认为这一练习毫无意义　因为这一方法并不是解决眼前面临的实际问题，通常需要劝服大家：在这一阶段花点时间，以备之后进一步讨论解决实际问题，是非常值得的。

适用该方法的问题

这一方法旨在把封闭式和不明确的问题转变为开放式问题，所采用的问题随讨论内容和环境的不同而不同。以此书为例，封闭式问题有："这本书可以用于培训讨论的主持人吗？""号召大家发言是否合理？"开放式的问题有："好的讨论是如何进行的？""如果想有效地组织讨论，主持人需要知道什么？"不明确的问题有："如何运用这本书来培训主持人？""如何使用这本书解决我们交流中出现的问题？"

方法 13

投票选择重点问题

当从小组讨论转为大组讨论时，有时很难确定大组讨论的焦点是什么。"投票选择重点问题"一法邀请参与者投票选择一个或几个问题，作为全组讨论的重点，从而解决这一难题。

目的

- 帮助参与者控制好大组讨论的重点。

- 为小组提供练习，提出适合大组讨论的、让大家感兴趣的问题。

- 避免有时在向小组汇报讨论结果的过程中，让大家失去活力。

- 保证小组和大组讨论间的有机联系。

操作步骤

- 各小组就某一话题或焦点问题进行讨论。

- 请一个自愿记录的成员把讨论过程中出现的问题列出来。

- 讨论结束时，记录员与大家分享讨论中提出的问题。团队成员补充他们希望大家一起考虑的其他问题。

- 之后，各小组从对话出现的问题中，选出一两个最希望大组一起讨论的。

- 各小组既可以把选出的问题写在黑板和大白纸上，也可以通过QQ群聊匿名反馈完成这一步。

- 请所有参与者走到黑板或白纸前，在最想讨论的问题旁边打钩或贴上便利贴。

- 得票最多的问题就是下面大组对话讨论的重点。

适用场合和情景

从小组商讨转为大组讨论的情况　在任何课堂、研讨会或会议上，如果想要相对简单却有意义地从小组商讨转为大组讨论，这种方法都适用。

建立日程　这一方法有助于从基础阶段开始创建日程。大家都希望能控制所讨论的话题。

重视民主、公平的活动　这种练习保证讨论过程的民主性，没有任何小组能产生过度的影响力。

优点

有机会对讨论加以控制　参与者可以影响大组讨论的方向。

过程的民主性　大家可以看到，引起最多关注的问题会成为之后讨论的重点。

清楚各小组的活动是至关重要的　大家很清楚，他们在自己的小组里进行的活动不会毫无意义，会成为下一环节大家考虑的问题。

注意事项

缩短小组讨论中提出问题的时间　如果一个小组沉浸在有趣又热情的讨论中，很难让大家停下来回顾讨论中出现的问题。所以小组记录员的工作尤其重要。

大组讨论要保持集中　一旦确定了最终讨论的问题，主持人要努力确保接下来的讨论紧紧围绕选定的问题进行。

适用该方法的问题

能触发小组讨论，并被大家提名的问题，一定是复杂和有争议的，能在之后的大组讨论中，鼓励大家想到更多有趣的问题。这种焦点问题有：

- "如何更重视讨论，我们的组织和团队会有什么不同？"
- "如何让我们的组织和团队民主化？"
- "充当一个学习型团队意味着什么？"
- "要确保我们团队的长期稳定，下一步应该采取什么策略？"

方法 14

提出唯一的有效问题

这一活动重点在于"提问—倾听—回答"互动中的第一部分，对讨论的成败至关重要。要求各小组只提出一个问题，这个问题要能推动大家更深入地探究某一议题或更好地理解讨论的内容。

目的

- 展示单独一个好问题的作用。

- 练习如何提出问题，推动讨论有序进行。

- 提出有效问题，开拓新思路，以用于探究某一话题和议题。

- 加深对某一话题的理解。

- 找到能推进大多数讨论的问题的基本特征。

操作步骤

- 下面通过两个例子来导入这个练习。

  ◆ 例一，放映电影《恐惧的颜色》(*The Color of Fear*)中的一幕。在一次种族主义研讨会上，主讲人李文华问一名白人讨论者为什么不认同其他人关于种族主义残酷性的观点。紧接着他问了一个颇具挑衅性的问题："如果种族主义确实如此残酷，那对你意味着什么？"

  ◆ 例二，一起观看《正义的怜悯》(*Just Mercy*)一书的作者布莱恩·史蒂文森在2012年的"TED演讲"。他说："我代表的是关在牢房的死囚。关于死刑，值得讨论。现实以许多不同的方式让我们认识到，真正的问题是：人们是否应该为他们所犯下的罪付出生命的代价？这是一个很实际的问题。但我们可以换一种方式思考，不要问人们是否应该为犯过的罪付出生命的代价，而是问我们应不应该对他们执行死刑？"

- 全组成员一起讨论这两个例子，思考如何仅仅靠一个问题加深大家对某一话题的理解，或者为大家提供新的思路。

- 随后，主持人通过简洁的陈述或有争议的短片导入一个新的话题。

- 接着，给参与者留出时间，请他们思考应该提出什么问题，用以拓宽和加深随后要进行的讨论。

- 每四五个参与者为一组，互相分享这些问题。如果时间允许的话，提出其中一两个问题，看通过这一两个问题能展开什么样的讨论。

- 集合全组成员，分享他们认为最有效的问题。

适用场合和情景

仅允许提出一个问题，这种简单的方法几乎能在任何情况下激发一个团队的参与热情。

学术环境　很多大学教师强调学生能提出有效问题的重要性，愿意使用通过提问启发学生的苏格拉底式的问答。所以，这种方法适合学院和大学。

公司和机构　对一些公司和非营利性组织，提出有建设性的问题的观念与他们的很多领导模式相符。

社区和社会活动　社会活动家迈尔斯·霍顿、索尔·阿林斯基和保罗·弗雷勒都以提出核心的、突破性的问题而著称，可见，这类问题可以被社区化的组织接受。

优点

看到实践者在行动　看到像李文华、布莱恩·史蒂文森这样的社会活动家提出极具启发性的问题，大家受到激励，也会想要尝试。

促进小组实践　练习者很高兴有机会自己提出有建设性的、推陈出新的问题，同时，又在各自的小组内进行提问，不必急于展示自己的才华。

问题的有效性得以体现　很多参与者想知道，仅允许提出一个问题能对讨论产生多大的影响。亲身经历之后，他们会惊讶于这种问题产生的效果。

注意事项

以防挫败感　如何在适当的时间提出适当的问题，这是一个难点。督促大家坚持这一原则，因为，当他们从彼此那里碰撞出的东西越多，就越容易做到这一点。

时间的掌控　如果各小组有时间回答本组提出的问题，去验证这些问题的效果，那这项练习就更有意义。

选取好的案例　我们使用的例子是《恐惧的颜色》和布莱恩·史蒂文森的TED演讲，但我们鼓励大家使用其他更符合各自场景的例子。最关键的一点是，所选择的例子要能很好地说明提出一个问题的作用。视频片段可以特别有效地吸引人们的注意力。

适用该方法的问题

我们在"操作步骤"部分中用到的两个例子可以说是取自重要的两类问题：

• 要求我们练习方法34——成为信仰者和欣赏者，而不是怀疑者："如果我们曾经拒绝相信他人所经历的事情，而这些事情最终被证实是真实的，这对我们自己的人生意味着什么？"

• 将一个大事件私人化的问题："如果有人要求我在美国内战前藏匿一个奴隶或者在纳粹德国掩护一个犹太人，我会怎么做？要知道，这两件事在当时都是违法的。"

• 对某一话题的普遍看法，用相反或对立的角度提出的问题："不要问'死囚犯应不应该被处死'？而是问'我们应不应该把人处死？'"

● 能帮助我们超越自己，跳出个人经验的问题："如果我想得到什么，并且相信我应该得到，那么我不应该希望其他人都享受到同样的东西吗？尤其是那些没有我这么幸运的人。"

方法 15

焦点问题自由讨论法

借鉴克里斯托弗·菲利普斯和其他宣传苏格拉底咖啡馆的学者的成果，10~12人的小组当场提出一个问题。以这个问题为焦点，进行45分钟开放的、批判性的、自由发挥的讨论。

目的

- 让群组成员能够把控围绕某一议题展开的讨论。

- 能就大家都感兴趣的问题展开讨论，无须提前准备，也无须额外的资料。

- 了解如何弄清小组成员在现场提出的讨论问题中，在哪些方面达成共识，在哪些方面还存在异议。

- 有效地组织讨论，让每个人都积极参与。

操作步骤

- 小组中的每个成员各带一个问题，以备讨论。
- 大家提出自己的问题，主持人把这些问题写在大白纸上。
- 大家提出的问题会是宽泛的、开放性的，每个人都会遇到的，比如："为什么提问？""什么是智慧？""什么是家？""是什么将意义赋予了每个生命？""你如何知道你何时了解了真正的自己？"
- 小组成员经过商讨取得一致或通过投票表决，选出一个问题进行讨论。
- 主持人可以重新表述或组织这一问题，使之更清楚，有助于大家更专注于问题的讨论。如：菲利普斯曾展示了如何把大家在对话开始时脱口而出的一个问题重新组织，原问题是"一个聪明睿智的人怎么会无法摆脱一份让人厌恶的工作"，重述后的问题是："无法摆脱意味着什么？是否有什么办法解决？"
- 讨论开始，主持人和参与者采用关键问题，展开讨论：
  - "你这么说是想表达什么意思？"
  - "你怎么解释？"
  - "你是怎么知道的？"
  - "你为什么这么认为？"
  - "你的想法是什么？"
  - "就刚才大家所说的，你有什么补充的吗？"
  - "你对这一点有多少把握？"
  - "在讨论结束的时候，你如何论证你的观点？为什么？"

- 最后的问题可以见下面的例子：
  - ◆ "经过这场讨论，你对哪些东西能更好地理解了？"
  - ◆ "经过这场讨论，你对哪些东西更感疑惑了？"
  - ◆ "经过这场讨论，你有什么新的问题吗？"
  - ◆ "这次讨论之后，你觉得我们接下去最应该讨论哪个问题？"

适用场合和情景

需要思考根本性问题的时候　在组织或团队活动中，如果需要提醒参与者注意工作的任务和核心原则时，这种对话非常有效。

成员互不了解的时候　苏格拉底咖啡馆模式最适合公开场合下，陌生人间的交谈。

几乎没有时间限制的时候　如果讨论的目的是要解决难题或准确回答问题，每个人都会觉得不自在。如果一个机构在紧张地处理危机事件或进行高风险的项目评估，我们不推荐这种方法。

组建团队的时候　现场提出开放性的问题和话题，有助于组建团队。

扩宽思路　这种活动通常能找到思考和解决问题的新思路。

优点

能把握话题　参与者能把握讨论的内容，这给他们一种有权利决定要讨论什么的良好感觉。

完善问题　参与者常常发现，提前把问题构思好，有助于更好地进行下面的讨论。

自由讨论的快乐　有机会与有缘的陌生人一起，就共同选择的话题进行讨论，是一件让人兴奋和愉快的事情。

注意事项

跑题　一连串有些离题的发言会让整个团队偏离主题，所以主持人和意识到跑题的团队成员必须提醒每个人：围绕最初的问题讨论。

参与机会不均等　如果很多人都能参与讨论，效果最佳。如果有必要的话，用三人原则发言法（见方法48），并注意那些想参与讨论的成员的肢体语言和目光接触。

示范如何提问　作为支持人，你几乎都是以提问的方式参与讨论。这有助于推动讨论进行，调动更多的人参与，为跟随你思路的人们做出示范。

适用该方法的问题

适合的问题在"操作步骤"部分已列出：

- "为什么提问？"
- "什么是智慧？"
- "什么是家？"
- "是什么将意义赋予了每个生命？"
- "你如何知道你何时了解了真正的自己？"

除上述问题，该方法还适用于很多类似的问题。

方法 16

尊重他人的询问：这个问题你怎么看

在很多讨论中，你作为讨论的推动者，会试着置身争论之外，以便让参与者们全力以赴地讨论一个复杂的问题，而不被一个明确的正确答案所限。在这种情况下，你最终还是无法回避大家的询问：这个问题你怎么看？然而你可能担心误导你的同事、学生和团队成员，使他们一味地附和你的观点，因此不愿意回答他们。这个方法既可以让你说出自己的观点，也可以让大家保留不同的观点。

目的

- 对于别人想知道你的想法这种热情表示尊重。
- 以一种恰当的、不会误导之后讨论的方式表达你的观点。

- 让人们全面考虑如何判断他人观点背后的推理。

操作步骤

- 当一个团队坚持让你说出自己的观点，你告诉他们你会给出两到三个可能的答案，其中只有一个代表你的真实想法。同时告诉大家，你将会让他们选出他们觉得哪个答案更能代表你真实的想法。

- 然后你给出两三个听似合理的答案，分别代表不同的观点。分别站在会场的不同位置表达每个不同的观点，这样做效果更好。

- 听完你的答案之后，参与者投票决定这些回答哪一个表达了你的真实想法。然后站出来代表自己投票。

- 让他们站在自己的位置上，给他们两三分钟的时间说出他们选择这个答案的理由。一些人选择一个回答的理由是：他们之前听你表达过相似的观点，一些人是因为某个答案最合理，一些人是因为某个答案看似跟该领域的专家观点或业界共识一致。

- 接着，不同小组陈述他们选择了某一答案的原因。

- 你说出哪个答案表达了你的真实想法，并讨论有些小组选择其他观点的理由。

适用场合和情景

用于传授批判性思维　不同的观点都以某些假设和综合推理为基础。这一方法可以指导我们去评判这些假设和推理正确与否。

有助于促使人们做出独立评判　这个练习可以使参与者们得到锻炼：不会仅仅因为某一观点是权威人士的意见就盲目接受。

优点

讨论主导者出现在现场　参与者们很乐意看到讨论主导者力图提出同样可信而又对立的观点。

公开讨论主导者的想法　虽然费了一番工夫，过程也迂回曲折，但当主导者同意回答参与者的问题时，大家还是感到很高兴。

标准清楚　这一练习有助于我们探索一些标准，去判读一个讨论者发表的意见是否诚实可信地反映了他的想法。

注意事项

错用于处理无关紧要的问题　这个练习只适用于需要人们抓住主要问题和学习如何回应的情况。如果过多地用于处理小事情，会让人觉得老套乏味。

没有其他听似合理的答案　当突然有人问你："你是怎么想的"，通常很难当场想出不同的、听起来可信的回答。如果是这种情况的话，要避免使用这个练习。

清楚地透露出你更倾向于某一答案　不管你多么努力地想以同样的坚定和感情说出每个答案，有时总会有些细节（声调、目光接触的程度）泄露你的真实想法。

适用该方法的问题

这其实真的不是一种提出问题的方法，而是让学习者判断你所提供的不同答案的合理性。

方法 17

"问题"求助法

这是一个近距离倾听和提问的练习，借鉴吸收了帕克·帕尔默的成果和贵格会（Quaker）的一些传统。它的基本原理是，我们可以从同伴、朋友和同事那里获得支持，从而去发现问题的答案。

目的

- 帮助人们找到自己的方法，去解决自己的问题。
- 学会独立地倾听和提问，帮助别人成长。
- 练习使用答案开放性的、不带批判性和引导性的提问方式。

操作步骤

- 每个小组由6～7个成员组成。

- 一个人充当"有问题的人",用5～8分钟的时间,描述工作上的一个麻烦事。

- 另一个人充当"观察者",记录下大家的互动情况,并在活动的最后,跟大家分享自己的感想。

- 练习开始时,小组成员向"有问题的人"提出诚实、开放、不带批判性和引导性的问题。每个问题的答案都应该是提问者所不知道的。也要告知提问者,不要分析问题或提出建议。

- 让提问者花时间思考,轻松地保持安静,提出当时自然浮现出来的问题。

- 主持人可以偶尔进行干预,不允许大家提出一些不是充分开放或者非批判性的问题。

- 整个过程中,"有问题的人"可以选择忽视那些感觉不舒服或者不能回答的问题,也可以表达自己的观点或反思。

- 提问过程通常要持续30分钟。

- 练习结束时,全组探讨以下问题:

  - 为什么大家难以提出开放性的、诚实的、自然存在的问题?

  - 提问者觉得他们成功地支持了"有问题的人"吗?

  - "有问题的人"对这个问题更清楚了吗?

  - 观察者有什么感想?

适用场合和情景

成员已相互了解的团队　当提问者认识"有问题的人"，并且知道机构或团队的历史时，他们提出的问题比陌生人提出的问题更有意义。

有充足的时间　这种练习不应该仓促进行，需要给大家足够的安静的时间进行思考。如果没有足够的时间允许好的问题自然出现的话，那或许就不该使用此方法。

旨在解决问题的社团或机构研讨班　"有问题的人"通常陈述耗尽他们精力或困扰团队无法达到目标的事情。因此，这很适合那些以解决问题为目标的会议。

公司激励休闲游期间　在公司组织的休闲游期间，大家状态放松，尽享好时光，非常适合使用"问题"求助法。

总体来说，这个过程对人们很有吸引力，因为它可以让大家有机会作为一个团队共同工作，同时，帮助别人解决他们面对的、有挑战性的情况。他们看起来很愿意了解这些有挑战的情况。此外，试图用提出问题的方式，帮助有问题的人重新梳理这个问题，这对大家来说也是一种挑战，因此备受鼓舞。

优点

成员可以被倾听　这个练习意味着问题提出者的故事和反馈受到了大家的密切关注。当人们尽力去理解你的问题，并帮助你寻找答案的时候，这种感觉是很棒的。

有机会更好地了解同事　随着活动的进行，有问题要解决的人会不断地讲出他很多方面的经历，这是提问的人之前所不了解的。我们经常听提问者说，通过这一活动，他们发现了有关一个长期相处的同事很多之前并不了解的事情。

团队合作 人们喜欢跟团队一起，专注于帮助同事解决有挑战性的困难。

练习如何设计问题 提问者有时间构想和设计问题，不必仓促应战，也不必急于打破沉默。

有助于问题的解决 活动结束时，"有问题的人"对问题的思考更清晰。

注意事项

不能给出建议时的挫败感 如果提问者不能给出建议去解决同事的问题的话，他们就会产生挫败感。始终要强调，设计这个练习的初衷是帮助人们自己解决那些问题。

缺少具体的解决方法 很多复杂的问题没有清楚、明确的解决方法。如果有的话，就不是复杂问题了！你需要让人们清楚一点：进行这个练习不代表最后要找到一个简单的解决方法。

不知道任何答案线索而提出问题的困难 人们往往觉得没有任何答案线索，很难提出相关问题。

不要跳过示范环节 与一位同事一起，为成员们示范这个活动的过程。但要设定其他的场景，绝对不要提前泄露要解决的问题是什么。

对沉默感到尴尬 提问者需要时间去构想如何提出有效问题，"有问题的人"也需要时间去思考大家的反馈。在这个练习过程中，有时候大家会停下来认真思考片刻。在你跟一位同事示范过程的时候，你就要向大家传递这样一个信息：沉默是自然的，不必尴尬。

这一练习活动是真正"问题"求助法的微缩版　我们这里的方法是经过调整的。有时，真正的"问题"求助法会持续三到四个小时！而且，大家通常会阅读"有问题的人"提前准备好的冗长报告，而不是听他对问题进行简短陈述。

适用该方法的问题

这种练习常用的一般性问题是这样的："在你个人生活或者职业生涯中，哪些棘手的问题让你不确定应该做出何种选择或者下一步如何解决问题？"

方法 18

团队示范法

作为讨论主导者，我们的核心信念即我们有责任向大家进行示范，以说明我们期待他们采取何种行动或行为。在人们尝试学习新的思考和行为方式的时候，这一点尤为重要。方法21的"明确具体的讨论标准"也是如此。如果我们要求人们打破传统模式，那我们就需要做出榜样，说明我们期待什么模式。我们之所以更喜欢开办讲习班、公开授课、召集团队开会，就是因为通过这些方式，我们可以向大家做出示范：一个好的讨论需要哪些要素。

目的

• 示范"明确具体的讨论标准"中的行为。

- 演示"正反方"讨论过程。

- 通过提问来表达自己感兴趣的问题。

- 注意处理问题的不同角度。

- 示范如何礼貌地提出不同意见。

- 表达感谢。

- 接受歧义。

操作步骤

- 做示范的关键就是必须公开明确。你必须告诉大家你在做什么和你为什么这样做。如果你的同伴问了你一个很好的问题，不要只是说"这个问题问得很好"，然后回答问题。要说出为什么这个问题问得很好（你以前从没有被问过这个问题、它直接戳中要点、它让人豁然开朗、它表达得体、它扩展了你的思维，等等），并且让大家了解：讨论的一个重要部分就是基于别人提出好的问题。

- 团队成员展示如何通过提出新的观点、反驳或否定彼此的观点、提出不同意见并竭力验证对立观点可否得到整合或有无共同点，以此来参与不断扩展开的讨论。

- 团队成员阐述自己感到好奇的地方，并通过提问请同伴更进一步表达自己的立场，以便理解不同的观点。

- 团队成员找出其他成员没有考虑到或没有表达的新观点，以确保全面考虑正在讨论的问题。

- 团队成员示范如何礼貌地表达不同意见：尽可能准确地总结同伴的观点，确保在提出批评意见之前，正确理解对方的观点；提出有效的问题，鼓励同伴解释他们各自观点的核心内容；尽可能全面地说出持不同观点的理由；不要把某一观点强加给同事；适当的时候改变自己的观点；接受更好的观点或更具说服力的证据。

● 团队成员示范如何带着不确定性继续讨论，而不是寻求确定的结论和统一的解决方法。在一个有成效的讨论中，大家应该清楚地阐述和理解不同的观点和对立的意见。

适用场合和情景

团队示范法适用于任何情况。事实上，我们认为，当只有我们其中一个人负责讲习班、会议或者课堂，提倡以讨论为基础的活动方式时，这里有一个根本性矛盾。即尽管我们要求参与者与同伴进行讨论，但他们从来没有看到我们这么做。

优点

通过团队合作产生的多种方法　因为团队成员的个性、身份、经历不同，大部分参与者可能会觉得了解了至少一位成员所采用的方法。

团队带来的不同视角　团队成员会从不同角度考虑问题，有利于活跃讨论的气氛。

公开表达不同意见　当团队成员彼此之间，强烈地表达不同意见却又互相尊重时，他们可以得到最高的评价。这个过程特别能带动全员参与。

参与标准的演示　如果团队成员能指明他们何时使用了某一项具体的标准，以及他们为什么认为这一标准重要，这样有助于参与者在讨论中执行这些标准。

注意事项

彼此之间太过随意　在一起合作过几次的团队，好像两个人一样，气氛非常放松和融洽，会出现私人玩笑、窃窃私语或互相取笑，这些会对成员造成困扰。当我们与跨文化背景的小组合作时，我们会注意到一些东南亚地区的成员会在我们互相嘲讽的时候感到困惑，认为这是不尊重他人的。

一味地赞同　频繁的团队讨论活动会人为地造成大家趋同于一个观点，这个观点是两三个人仅仅探究了大家的共同观点就得出的。所以你必须努力保留一些有建设性的、不同的意见。

因存在严重分歧而不安　我们都知道，接受不同意见对民主地进行讨论非常重要。但是我们也知道，如果我们的观点大相径庭，其他人会觉得这次讲习班、会议或者课堂在某种程度上是失败的或进行不下去了。所以当一个活动结束时，大家仍然持不同意见，团队成员一定要向参与者强调：这样的结果就其本身而言，是有价值的。他们也可以在未来的会议中探究和重新评估这些不同意见。

适用该方法的问题

团队示范法适用于解决任何问题。

方法 19

问题头脑风暴

　　这一方法借鉴了教育家丹·罗斯坦和鲁兹·桑塔纳提出的"问题形成方法"，小组通过头脑风暴，形成尽可能多的问题，来解决一个中心议题。

目的

- 给参与者练习机会，提出不同类型的问题。
- 提出问题，作为深入、全面讨论的基础。
- 确定什么类型的问题能引导大家进行更有意义的讨论。

操作步骤

- 在小组中，向参与者提出一个中心话题。比如："如果无法保证无拘无束地进行讨论，一个团队是无法充分实现学习目的的。""经常实施讨论的团队，可能让成员觉得自己被赋予了一定的权力。"

- 通过中心话题的启发，小组可以进行头脑风暴，想出尽可能多的问题。不要打断任何讨论、评判和批评。如果有可能，让大家把评论转化成问题表达出来。

- 把所提出的问题写在黑板或画架上。

- 当团队成员觉得自己可能再也想不出新的问题时，就开始删掉那些没有意义的问题，并强调能对下面的讨论有帮助的问题。

- 关注那些所强调的问题，并把这些问题缩小到两到三个。可以通过思考下列问题进行筛选："哪些问题是最重要的？""哪些问题最让我们感兴趣？""哪些问题会让我们热情满满，愿意进行深入探究？"

- 当小组选定两个或三个最佳问题时，讨论怎么回答这些问题："我们需要什么资料？""一开始我们需要做什么调查？""我们需要讨论什么？"

- 整个团队集合在一起，反思整个过程。

适用场合和情景

一直建立在权威和严格程序之上的课堂、组织机构、团队和委员会 对于人们没有很多机会做创新性工作的环境，这种方法特别有价值。

日常工作中，活动准则和观念都一成不变的环境 这一方法有助于撼动一个组织、团队的既有模式，帮助他们探索未来可能的其他选择。

适合年轻人 这一方法提出具体的活动准则，参与者有机会参与无拘无束的头脑风暴活动，这两点深受大学生和高中学生的喜爱。

优点

头脑风暴 这个活动鼓励参与者无拘无束、创造性地思考。他们经常反馈这种形式多么令人振奋。

体现问题的效力 好的问题可以激发大家的创造力，鼓励大家继续探究，这是参与者喜闻乐见的。

被赋予权力的感觉 当团队成员对提问题进行筛选控制时，他们很高兴看到这一环节决定了讨论的重点。

注意事项

用批判来扼杀头脑风暴 不熟悉头脑风暴的人会发现，不管看起来多简单，接受和鼓励所有问题其实是很难的。要强调的是，这个活动意在创造机会，激发小组创造力，控制个人内心的批判欲望。

低估问题的价值 从文化和组织角度而言，解决问题比提出问题更具价值。实际上，人们常常认为：提出很多问题是一种转移注意力的策略或者混乱思考的练习。所以一定要强调，讨论是否有价值的关键在于如何构建问题。

过早地抛弃某些问题 团队成员在浏览他们在头脑风暴环节所想到的问题时，关于留下哪些问题，放弃哪些问题，会产生不同意见。

提醒大家，在听取每个人的意见之前，不要轻易抛弃任何一个问题。

对于进一步回答问题的困惑　如果大家已经习惯由带头人和教师规定如何回答问题，就很难独立承担责任，去规划如何回答团队所构建的问题。你可以跟大家分享之前的团队是如何做的，或者向大家展示你如何规划行动操作步骤，去解决你生活中所遇到的重要问题。

适用该方法的问题

在这个情况下，中心话题决定最终能否提出有价值的问题。我们建议：具有挑战性的中心话题，最有可能激发有趣的和富有创造性的问题。

方法 20

叙述性倾听和提问

这种练习通过个人叙述提问和倾听。

目的

- 练习如何认真、专注地倾听别人的叙述。

- 用问题提炼别人的叙述，提高人们总结他人在互动中所表达观点的能力。

操作步骤

- 两个人面对面坐，一个是陈述者，另一个是倾听者。

- 陈述者开始讨论一个专业问题或私人问题，这个问题是他们脑海中经常浮现的，他们最近一直在考虑的。

• 倾听者只关注说话者所说的话。除了对说话者所说的话表示支持外，丝毫不必考虑怎么回应。

• 倾听者只是用问题或者一两句支持性的、回应性的话语来维持对话。不允许发表任何陈述性观点。

• 陈述和偶尔插入的问题占5～7分钟。

• 时间一到，倾听者简要总结他们所听到的陈述。

• 必要的话，陈述者柔和地纠正一下倾听者总结中的错误。

• 然后两人互换角色，之前的倾听者开始扮演陈述者，之前的陈述者开始扮演倾听者。

• 参与者向整个团队汇报他们对这项练习的感受。

适用场合和情景

适用范围广泛　这是一项很简单的练习，适用于任何情况，所占用的时间相对较少。我们都需要磨炼倾听的技能，而且非常希望别人能认真地倾听自己所说的话，尊重自己、肯定自己。

适合作热身活动　这项练习是很好的热身活动，适用于任何以讨论为主的会谈。它帮助人们了解彼此，并且提醒每个人讨论要以认真倾听为基础。

优点

有人倾听自己说话的愉悦体验　陈述者无一例外地反映：有人如此专注地听自己说话，自己感觉受到了莫大的肯定。认真倾听可以让团队成员之间的关系更密切。

倾听的快乐　参与者注意到，他们通常并没有很多机会把全部的精力和体力投入进去，专心倾听别人说话。所以，有机会倾听别人发言，让他们感到既愉悦又轻松。

注意事项

没有倾听　很多人不习惯仅仅倾听别人说话，而不提前思考如何回应与纠正。

略过示范环节　主持人应该提出各种不同的问题，请参与者提前演示这一方法，最好是小组教学的同事。

适用该方法的问题

- 以下这些问题会启发陈述者：
  - "最近一直萦绕在你脑海里的是什么事情？"
  - "现在，你的工作中最有挑战性的任务进展得如何？"
  - "如果现在你可以去任何地方，你想去哪儿？为什么？"
- 为了进一步启发陈述者，倾听者可能会问下列问题：
  - "关于这件事，你能多告诉我一些信息吗？"
  - "那件事让你感觉如何？"
  - "这件事情是如何导致另一件事情的？"
  - "你觉得这件事情为什么会发生？"
  - "从这段经历中，你学到了什么？"

方法 21

明确具体的讨论标准

领导者和讨论主持人通常想要在他们召集的讨论中达到积极互动的效果。但大多数人认为互动就意味着滔滔不绝、口若悬河。当这种错误的标准在人们头脑中根深蒂固，不被置疑时，那些说话声音最大，最自信的人就会主导讨论过程。

通过积极的参与，我们用以下标准来打破这种根深蒂固的错误标准，并说明什么才是真正的参与。你会发现我们建议的行为中没有滔滔不绝、口若悬河的那种做法。

目标

• 提供一系列真正称得上积极参与的具体行为。

- 打破那种认为"参与等同于滔滔不绝讲话"的错误观念。
- 强调有效的讨论取决于认真聆听、积极响应。
- 强调综合和总结的重要性，也强调"以他人发言为基础发表个人观点"的重要性。

操作步骤

在讨论阶段开始前，作为主持人，你要制订一个"参与标准"，列出具体例子，说明怎样才算积极参与，并发给大家：

- 提出问题或者发表评论，表明你对他人说的话感兴趣，鼓励他人详细阐述他（她）说过的话。
- 引入资源（阅读材料、网络链接、视频），为我们的学习补充新知识，探索新视角。
- 通过匿名反馈法，提出问题，发表评论，指出我们回避的问题，或者提出建议，可以使我们的讨论更富成效或更有挑战性。
- 发表评论，明确强调两个成员的发言之间的关联。
- 使用肢体语言（只是略带夸张的形式）表明你对不同的发言人所表达的观点感兴趣。
- 发表评论（如果合适的话，可以选择在线形式），表明你发现他人的某些想法有趣或者实用，并具体说明原因。
- 有时候，要以他人表达的观点为基础发言，或者从别人的发言中得到启发而有了自己的观点。明确你借鉴别人观点的方法——这一步可以在线完成。
- 对你的CIQ问卷（见方法10）发表评论，督促我们检查讨论过程的活跃程度。

- 在你认为合适的时间，让小组进行片刻的沉思，进而放慢讨论的进程，从而给你和其他人进一步思考的时间。

- 对他人发表的某一观点进行评论，该评论至少要对这一观点进行部分解读。

- 进行一次总结性观察。该总结要充分考虑不同的观点，并涉及讨论中反复出现的议题。（可以选择在线完成）

- 提出关于因果关系的问题，比如，"你能否解释为什么你认为如果这些条件合适，就会出现这样的事情"？

- 如果在讨论过程中受到启发或得到灵感，要以某种方式表达感激。要具体说明哪一点帮助你更好地理解了一些问题。同样地，如果你愿意，这一部分也可以在线完成。

适用场合和情景

积极地参与活动有赖于大家认真倾听、提出有价值的问题、综合不同观点、找到所发表观点之间的联系、表达感激、引出他人的观点。无论在何种情境下，如果你想对大家说明这些积极参与的要素，这种方法都适用：

学术环境　适用于告知大学生们，他们参与课堂活动的表现将被如何评分，也适用于指导学生如何开展学术工作。

公司或部门的主题会议　在公司某一主题会议的头一个小时里，我们通常会分享这些标准的一个缩减版（大概突出5条）。

优点

标准具体　通常，人们希望记住一些非常具体的例子。

明确带头人的要求　参与者希望明确了解带头人、教师或主持人要求大家如何参与活动。

避免夸夸其谈的参与模式　这种方法强调提问题、引导他人、表达感激、进行在线帮助，因此可以帮助那些急于发表高见的人摆脱表现焦虑的困扰。

通过明确指示建立合作互动的方式　按照明确的指示，建立小组互动的合作模式。

注意事项

标准的限制性过强　之前的举例说明了我们认为有帮助的标准，但绝没有涵盖所有的标准。你可以修改、补充或者删减那些无用和不明确的项目。最重要的一点是，要提前给大家具体的指示：什么才算真正积极的参与。

标准过多　如果你提供的标准列表太长，那么人们会不知所措。有时，针对某次具体的会议，选择其中的三四条标准，效果最好。

标准过于陈旧　为了避免重复，可以画掉一些用过的标准。这样，每次会议、研讨会或课堂上，可以确立不同的标准。

适用该方法的问题

该练习不用于生成问题，然而，我们发现这种方法在多种背景下，都可以具体地解释什么才是真正积极的参与活动。在某种意义上，这种标准回答了一个问题，"怎么做才算作参与讨论"？

方法 22

提问与反馈讨论法

提问与反馈讨论法是一种细致的会话练习。这一练习旨在弄清人们对问题的假设，这种假设影响着人们如何理解和回应看似棘手的问题。这种方法最适用于解决涉及多个参与者的机构或团队问题。

目的

- 帮助人们对其所面对的问题有更新的见解。

- 确认并检查形成那些"如何理解问题"的假设。

- 为一个可能已被忽略的问题提供一些不同的视角。

- 对棘手问题提出具体的处理方法。

操作步骤

- 该方案涉及三个人，分别扮演不同的会话角色。陈述者负责提出需要被研究的问题。观察者多为同伴或同事，负责提醒陈述者注意其对问题的假设，可能忽略的角度以及之前未考虑到的一些反馈。监督人是组员中负责监督会话的人，当组员以批判性的方式进行对话或是违背了练习方案时，他应予以指出。

- 使用此方案的最佳小组人数为8～12人。

- 开始时，陈述者就自己的理解提出问题或陈述某一情况。在该过程中，他要说明自己认定的真实情况和相关事件的进展。此过程通常要花十分钟。这一环节的唯一基本原则是不允许观察者打断。

- 之后，观察者用10分钟时间，向陈述者就其所描述的问题提问，以验证他们是否明确陈述者对问题的假设。他们的问题旨在请陈述者提供更详细的信息来阐明之前的陈述。观察者每次只能提一个问题。他们不得给出自己的观点和建议，无论他们认为这些观点和建议是多么有帮助。

- 批判性的问题大多以这些形式开头，"你真的认为……""你难道不知道……""你怎么就不……""你说……不是开玩笑吧""你是打算告诉我们……吗"。当监督人听到这些时必须予以指出。

- 此时，观察者根据陈述者的陈述以及其对问题的回答，告诉陈述者他们认为其所持的设想。观察者应力图清楚地阐释他们认为陈述者所持的设想是什么，而不要评判其对错。他们应该以试探性、描述性和非评判性口吻来对其设想进行陈述，多用"看起来似乎……""我想知道你或许这样想……""你是否有可能这样设想……"观察者每次只陈述一个设想并且不给出建议。此环节通常持续5～10分钟。

- 观察者就已描述事件给出几种不同的解释。这种解释应该是描述性的，而不是评判性的。他们在描述问题涉及的其他人可能是如何看待这些问题的，而对这些观点的正确与否不予评价。同样地，不允许提出建议。该环节通常持续5～10分钟。

- 会话结束时，对所了解到的情况进行总结性评价。这一环节没有什么基本原则，观察者可以畅所欲言，给出建议。该环节通常持续5分钟。

适用场合和情景

讨论主持人首次演示时　主持人首先让研讨会、会议和社团全体人员自己作为陈述者，一起演练这一方案，借此示范该方案如何运作。主持人陈述一个需要帮助的情景，让研讨会、会议或课堂的全体成员作为观察者。每一个演示阶段，主持人对相关的基本原则进行解释，并回答参与者的相关问题。

团队一起合作之后　我们通常把这种活动作为保留节目。直到我们感觉到，我们一起工作的团队对我们的引领有十足的信心，并取得了同事的信任之后，才进行这种活动。

适合进行职业反思的团队　这种方法适合人们在机构或团队活动中遇到实际问题的情况。我们曾在不同的团队中使用这一方法，包括小学教师、社区大学教师、全球软件公司和部队。

团队有半天的活动时间　最初的示范演示大约需要1个小时，8～12人的小组进行练习需要大约50分钟。加上总结汇报，这项活动大约需要半天时间。

参与者有相关经验时　如果参与者可以根据个人经验提出有针对性的问题或给出好的建议，这种方法会达到更好的效果。

工作问题成为关注焦点时　曾经有陈述者把极为私人的经历带到活动中来（"我应不应该跟我的伴侣分手"），这让观察者备感压力。

优点

以新角度看待问题　通过这种方法，陈述者常常会学到新方法，去思考和处理他们之前认为无法解决的问题。

验证个人经验　即使没有新的见解产生，陈述者也常常感觉他们的经验得到了验证，因为观察者证实了陈述者的假设与行为是准确的。

见解"转让"　通常，观察者可以用活动过程中获取的新见解和策略解决自己遇到的问题。

练习有焦点，有条理　人们经常谈论如何给出具体的练习方向，使其以正在讨论的问题为焦点，防止讨论偏离主题。

注意事项

跳过示范部分　为了节约时间，讨论主持人可能会直接跳过向全体成员示范的部分。这在任何情况下都是一个错误。如果省掉这一部分，我们就会发现小组的实践应用不那么有效了。所以如果不能用50分钟对流程进行示范的话，那么最好不要进行这项练习。

时间管理　大家很容易把大部分时间花在提问和回答环节上，观察者和监督者必须尽量控制好时间。

草率建议　在练习中，大家很容易过早给出建议。观察者从开

始就想通过提出建议和不同的解决方法来给予帮助。监督人需要注
意这一点，并且提醒大家：自由发言和给予建议环节将在练习的结
尾进行。

注意问题的设置　我们注意到，即使是很有实践经验的人，也很
难设置仅仅需要回答者提供信息的问题。而且，监督人对该方面的监
督十分重要。

找到有效解决方案　虽然这个练习旨在让人们对其所面对的问题
有新的见解和处理方法，但也不是万能之法。有时，问题过于复杂，
无法给出确切的解决方案。有时，陈述者已提前深入地分析过问题，
以至于观察者没有需要补充的信息。如果出现这种情况，陈述者至少
应该确定他们没有忽略掉什么。

适用该方法的问题

需要讨论哪个问题的选择权完全在陈述者手中，所以任何话题和
情况都适用于这一方法。

方法 23

重复或转述他人的话，提高参与性

这个方法通过让那些相对沉默的人重复或者转述别人说过的话，为他们提供融入小组的机会。

目的

• 给相对沉默的人提供一个非强制性的机会，让他们参与进来，而且他们不必明确地表达某一观点或者表明立场支持某一观点。

• 锻炼倾听和转述的方法。

• 通过观察哪些话语被重复或者转述地最多，确定反复被大家提到的话题。

操作步骤

● 讨论主持人宣布，在讨论期间，定期请没有发言的成员回答这样一个问题："你听到了什么？"告诉他们这是提示他们去重复或转述别人说过的话。

● 随着讨论的进行，讨论主持人通过总结性话语或短语进行示范。

● 讨论中，讨论主持人或某一成员可以适时向没有发言成员提问："你听到了什么？"后者应该重复或者转述他能想起的任何东西。

● 讨论结束时，主持人在"主持人总结"环节中记录大家的发言，以便日后查阅参考。

● 在讨论过程中，主持人要注意大家回答问题时反复提及的议题和话语。

适用场合和情景

作为口头的文字云备用　通常人们听到的都是最吸引他们的观点。简要地记下这些观点或进行分类整理，这样，你可以创造一个电子的文字云，展现大家在讨论中反复提及的话题。

适用于不习惯参与讨论的人　由于不要求参与者提出创新性的见解，也不要求参与者总结或补充他人的发言，这种方法可以让内向者或者使用非母语交流者参与活动，且不会有太大的压力。

强调倾听他人意见的时候　如果作为领导者，你确实需要倾听他人，或者参与成员确实需要在小组中学着发言的话，这是一个可以尝试的好方法。

讨论目的清晰的情况下 与更复杂的讨论方案、活动和角色不同，这种方法极其简单。你只需要重复别人说过的某些话。

优点

有人倾听自己的观点 有时，当参与者听到他人在回答问题时，提到自己的观点或说过的话，他们会感觉自己得到了肯定。

把倾听作为参与讨论的一种形式 那些希望倾听行为得到重视的参与者大多是聚精会神的倾听者。

小组定位 定期让某些人说出他们听到了什么，这样有助于小组更清楚地了解成员们所讨论的内容。

提高参与度 人们不愿意因为自己没有发言而去复述别人的观点，因此有时他们在讨论中的参与度会提高。

注意事项

参与者被问到时的不适感 被问到这个问题的参与者会感到不安，不知如何作答，所以讨论主持人必须在活动开始时进行示范，并给予人们充分的回应时间。

纠正理解 无论回答问题的成员说了什么，都当作是正确地再现了他所听到的东西。不要指出他们遗漏或是误解了什么重要话题。有时，当有人给出的回答并非准确重复或转述他们所听到的观点时，或许对大家的讨论更有启发。

适用该方法的问题

这一练习只有一个问题："你刚才听到了什么？"

方法 24

理解力测试法

这个活动要求下一个讲话者将上一个讲话者的话语变换说法，以检查他们是否正确理解了上一个讲话者的话。当下一个讲话者对话语的解释不准确时，上一个讲话者要指出理解有误的地方。

目的

- 有效锻炼听力。

- 准确变换语义。

- 学会检查自己的理解是否正确。

- 发现人们很容易误解别人的意思。

- 避免添加一些说话者原本没有表达的词语或想法。

操作步骤

● 讨论之前，参与者一致同意理解力测试的基本要求，即当有人喊出"理解力测试开始"时，下一个讲话者对上一个讲话者的讲话内容进行总结，这是对讨论内容的一个综述，不允许增加新的内容。

● 在理解力测试的任何过程中，上一个讲话者都可以评价下一个讲话者是否正确理解了他（她）的话。

● 讨论开始前，主持人可以示范活动流程，当说出"理解力测试开始"时，亲自总结讲话者的要点。

● 小组总结活动进行情况，以及该活动是否强化了参与者的注意力。

适用场合和情景

适用范围广泛　这一活动的适用范围很广，因为大部分人都需要练习正确理解别人的话。

参与者之间建立彼此熟悉和信任之后　当小组成员在一起共事，彼此间相处融洽时，会取得更好的活动效果。在小组成立之初，我们应该避免进行这样的活动。

为向小组中地位最高的人提问准备　在一个机构或集体中，地位最高的那个人很少花时间去倾听别人，而这个活动为他们提供了倾听别人的机会。

优点

注意准确理解　每个人都希望别人能够准确理解和尊重自己所

说的话。

集中注意力去倾听 每个组员都需正确汇报他们所听到的，因此他们不得不全神贯注，这种压力有利于每个组员。

注意事项

受到的阻力 即使小组成员间彼此熟悉，也要预计到活动所受到的阻力。通常人们会尽量避免活动过程中出现的紧张气氛和焦虑。

"到你了！"时刻的焦虑心情 这时候，参与者通常感觉他们被难住了，所以这个活动略带进攻性。在不知道什么时候会听到"理解力测试开始"的情况下，人们会产生焦虑，尤其是当讲话者不记得或总结不出来上一个讲话者讲了什么的时候。

消极反馈 在小组总结时，主持人会得到很多反馈，即这条规定增加了活动的难度。应该提醒人们，这是为了锻炼听力和了解小组成员的想法。

未做示范 起初，参与者不会主动要求进行理解力测试。所以一开始，活动的主持人就应该每隔四五分钟进行一次测试，并作出回答，这样可以帮助参与者更好地了解活动规则。

不积极纠正 活动主持人需不断询问上一个讲话者那些总结是否准确。上一个讲话者一般不愿意进行纠正，尤其是当下一个讲话者正在发言的时候，但主持人要强调这一环节是必须进行的。此项活动最适用于小组协调活动和协同领导活动。

练习不够 不要这周做完这项活动后，下周就不进行了。理解力测试是非常有益的活动，能够保持注意力高度集中，使得小组讨论重点突出。

适用该方法的问题

能够让参与者畅所欲言、积极互动和启迪思考的开放式问题最适合此听力练习活动。几个具体的问题如下：

• 网络电信诈骗现象在现在社会中似乎无处不在。这是诈骗普遍性的迹象还是我们倾向于把小事扩大化？

• 为什么我们国家的某些地区还存在不重视孩子上学的观点？

• 有人认为性别歧视是世界上最危险、影响最深远的偏见和侵害。这种论断的依据是什么？其他形式的偏见也许更加普遍，依据是什么？

方法 25

通过身体运动来解决复杂问题

我们从马里兰州日耳曼敦的蒙哥马利大学的琼·纳阿克处学到了这项练习。我们认为这项练习的优点是它教会人们如何通过身体运动来解决复杂的问题，以及如何改变原有的观点。

目的

- 提高参与者提出观点和正确表达观点的能力。
- 在面对更具说服力的观点和依据时，能够改变原有的观点。
- 利用身体运动反映思想的变化。

操作步骤

- 主持人向社区、班级或机构陈述一个重要的议题。

- 小组集合前，参与者阅读相关信息的材料，并从不同角度进行思考。

- 小组集合后，主持人首先对小组成员之前准备的议题提出观点或要求。

- 参与者各自花3～4分钟的时间写下他们认同或者不认同该观点的理由。

- 在写的同时，主持人在室内放置四个标示牌，标有"完全同意""部分同意""部分不同意"和"完全不同意"。

- 每个人写下自己的观点后，选择在一个与自己观点或论断最相近的标示牌下站立。

- 两三人一组，每个参与者陈述自己选择该立场的理由。

- 所有的参与者加入大组讨论中，互相分享自己认同或不认同某一观点的理由。

- 互相分享观点之后，若某位参与者被说服，可以走到相应的标示牌下，改变自己原来的立场。

- 当听完四种观点之后，重新计算支持这四种观点的所有人数。在此过程中改变位置的参与者要说出是什么让他们改变了观点。

- 最后，看一下支持哪个观点的人数最多。如果还需要其他信息，继续揭示一些细节和细微差别。

适用场合和情景

基于文本的讨论 非常适于学术讨论，学生可以聚集在一起，在课堂上讨论已经提前阅读过的材料。

部门处理新问题或讨论议题时 在意见不一致时，有助于探索其他的解决方法和角度。

鼓励发散思维的讨论 强调在出现新数据或更好的观点时，改变自己原来的观点不是软弱，而是一种优点。

效率不高的时候 在人们犯困的时候，比如午饭后、快下班时等，此时进行这个活动，会取得很好的效果。

优点

参与者可以活动 人们喜欢通过在室内走动来演示自己观点形成的过程，这个活动让人们充满活力。

通过肢体语言表达看法 通过肢体语言反映小组对某一问题的看法是如何变化和演变的。

注意事项

活动被某个人主导 有时候在某一位置上的人用很长时间来论证他（她）的观点，这时候你需要让他（她）听听别人的意见。

认为改变想法是软弱或犹豫不决的表现 作为活动的主持人，如果亲自参与活动，并且几次转换阵地来展示你是如何改变自己想法的，会对这项活动有所帮助。

所有争辩都被看作是正确的 人们经常会被不同阵营的论据说

服，而无法选择自己的立场。要提醒参与者，这种现象说明很多承诺和信仰都是暂时的。

适用该方法的问题

此方法帮助人们找出对某个议题的立场，这个议题与自己的团队或机构或学习内容有关。

方法 26

个人思考—两人结对—大组分享

改编自菜曼的理论

这是一个临时的小组讨论活动，两三个参与者简要分享对问题的回答和理解。

目的

- 让每个人都谈一下对某一话题的理解。

- 将对话的多样性引入学习空间。

- 利用两到三个人的亲密性来提高参与度和理解力。

- 对于一些关系到大部分参与者的话题，要进行大组讨论。

操作步骤

• 在大组讨论、讲座或多媒体展示的过程中，活动的主持人要求参与者写下脑中浮现的对问题的看法或回答。

• 参与者与周围的一两个人分享答案，每个人都写下他（她）同伴的答案。

• 讨论、讲座或多媒体展示再次进行，参与者口头表达自己的主要观点，或者通过匿名反馈法（参见方法5）来表达。双人组或三人组可以合并成一个组，继续分享观点，然后从中挑选一个代表，参加大组讨论。

适用场合和情景

适用范围广泛　思考—结对—分享小组活动几乎可以在任何地方和任何时间使用，在各种机构、团队和办公环境都可进行。

适用于保留新知识　这一活动有助于保留新知识，因此特别适用于学术讨论。同样也可用于社区会议，讨论有关新的街区规划细节，也可用于人力资源发展训练，讨论新的制度对现行做法会产生何种影响，或组织部署新的战略计划。

需要调动参与者积极性的情况　通常，讨论时很难做到不间断地接收信息流和内容。这一活动阻碍了信息流。在注意力广度的元理论研究中，布莱预测，一个人集中注意力连续听讲并能够听懂所讲内容的时间不超过12分钟。

鼓励更深层次的理解　谈论你对一个新概念的最初理解和对新材料的诠释有助于加深你的理解。

优点

这个方法的本质是具有参与性　从一个被动的信息接收的人变为主动地思考、记录和谈论学习内容的人。

允许与别人交流答案　人们喜欢与同伴交流难题或者有趣的问题。

注意事项

忽略记录观点　通常人们只重视口头上分享问题和观点。在我们的思考—结对—分享活动中，记录分享的观点加深学习印象，为后续的讨论打基础。

注意时间有限　提醒每个人分享观点和回答问题时要简洁，因为还要为回到大组讨论预留出时间。

适用该方法的问题

参与者希望在两三人小组讨论的问题不尽相同。封闭式问题如验证事实、填空或者开放式问题如目的、意义和价值等没有明确答案的问题都同样适用。

方法 27

绘图讨论法：视觉同传

这一方法强调通过视觉和图像的方式来交谈，受到喜欢通过空间处理信息和通过视觉交流想法的人的欢迎。像我们两个高度依赖文字表达的人都认为，用这种方法回答问题和讨论话题，非常令人振奋，让人感觉耳目一新。我们通过这个方法来确保各种不同参与者们都能最大限度地参与到课堂、工作或会议中。

目的

- 将视觉和图像表达置于口头和书面表达之上。

- 激发参与者的创造力，通过形象策略和隐喻来表达想法。

- 让那些最擅长图像的和视觉表现力好的人来发挥领导作用。

- 让那些以讨论为基础的互动活动变得内容更加丰富，增添乐趣。

操作步骤

- 提出一个问题，如："一个好的讨论应该是怎样的？""我们如何得知一个理论有阐述性的力量？""如何通过视觉解释光合作用？""什么是道德诉讼？"

- 为每一个参与者准备一张纸、几支笔和几本杂志来创作一幅画或拼贴画，来解决某个问题。高度抽象、无法在现实中复原的作品也是可以的。参与者用10分钟左右的时间独立完成。

- 参与者组成小组，向其他组员介绍自己的绘画或拼贴画。

- 小组讨论每一个独立的图像如何相互联系或者相互矛盾，将每个组员的作品都融合到一起，最终完成小组图像。一个组员对小组试图表达的想法做记录。

- 所有小组的图片都完成后，将图片挂在房间的墙上，旁边放一张空白的纸。

- 人们绕着这些图片走一圈，同时在旁边的白纸上写下评论、问题和想法。最好是以图像的形式，而不是文字。

- 所有人组成一个大组，参与者可以对其他组的图片提问。小组中负责记录图像形成过程的组员回答关于图片或拼贴画的问题。

适用场合和情景

高度依赖口头表达的环境　对于高度依赖口头和文字表达的场所，利用图形来表达是一种令人耳目一新的尝试。

表达难以表达的事物　对于能够通过图像更好地表达的思想和感

觉，这是一种非常有创新性的方法。

适用于人际关系的构建　这种方法有助于人们之间建立起更加随意和亲近的关系。

优点

改变讨论的节奏　极大地改变了常用的PPT展示、提问和回答、小组讨论、大组汇报等讨论形式。

锻炼创新能力　绘画讨论锻炼了创新思维，解放思想，让讨论参与者们用新的角度看问题。

增强活力和趣味性　摆脱了传统的交流方式，活跃了讨论的气氛。我们喜欢在下午或晚上做这个活动，因为此时气氛通常比较单调乏味。

注意事项

讨论节奏　活动的促进者要注意过快和过慢的小组。对于一些过早完成绘画的小组，要鼓励他们对图画增加新的内容并挖掘深度。对于一些迟迟不能完成讨论、无法进行绘画的小组，或者在图画的细节方面浪费不必要的时间的小组，应该提醒他们注意在规定时间内完成画作。

图像太过抽象　绘画充分调动了小组成员的创造力，但这也意味着他们创作的作品将十分抽象、难以解释。这就是为什么做讨论笔记的成员在小组汇报时发挥重要作用的原因了。

关注参与者的自我意识　像大多数人一样，我们也自认为没有艺术、绘画能力。活动的主持人要提醒参与者绘画技能并不重要，鼓励人们画抽象的作品。

主持人要做示范　讨论活动的主持人应该通过创作视觉图像参与到活动中。如果他们不具备绘画能力，将不利于他们参与这项活动。

推荐讨论者参与这个活动的时间不合适　这个活动最好是在已经跟团队建立起信用和信任的基础上使用。对于非常正式或权威的场合，人们通常会对这种古里古怪的通过绘画或拼图来讨论的方式望而却步。活动的促进者应该强调这个活动能帮助人们放松，从而表达一些无法用语言来表达的观点和想法。

适用该方法的问题

• 这些都是明显适合通过图像来表达的问题，比如："当会议或讨论被破坏时，是怎样一幅景象？""一个高效的社区看上去是什么样子的？""我们团队中有效的合作，是什么样子的？"

• 适合通过行为或动作来回答的问题。如："一个支持同事更好地工作的团队领导者是什么样子的？"我们如何能够让人们更多地参与到当地的志愿活动中？"

方法 28

音乐讨论法

这是另一个用来活跃沉闷的工作场所、家庭讨论会议、训练和课堂的方法。参与者用卡祖笛、小手鼓和声音等，以音乐的方式来进行讨论或者回答问题。

目的

- 为一成不变的讨论形式增加多样性和活力。

- 释放讨论应有的创造力。

- 用非语言的形式来解释，从新的角度看熟悉的事物。

操作步骤

• 六到八人组成一组，给每人都分发一个乐器，如卡祖笛、小手鼓和三角琴。

• 任务就是利用乐器和声音创作1分钟的乐曲，来捕捉问题、议题或经历。

• 小组成员要记住利用音乐创造下面的内容：

◆ 和音和不和谐音；

◆ 休止符、高音符、声音渐强和声音渐弱；

◆ 独奏穿插合奏；

◆ 变调；

◆ 不同音符间互相连接和回应；

◆ 能够和谐或者不和谐地解决的冲突；

◆ 强调平衡和对称的作曲；

◆ 强调混乱和无序的作曲。

• 活动主持人简要地展示如何通过音乐创作，表达对某个话题的理解。

• 各个小组分散开来，用二十分钟的时间进行创作。

• 创作完毕，小组重聚在一起，每个小组表演其创作。

• 整个大组一起讨论不同的作曲所传达的信息，以及从中获得的新观点。

适用场合和情景

一到两天的研讨会　这一活动时间短，可以为小型的专题讨论会注入活力。

为搭建社区平台而进行的活动 这一活动帮助人们轻松地了解彼此，更加便于进行私人交流。

有创造性的艺术组织 毫无疑问，这项活动更适用于有创造力或懂艺术的团体，比如社区剧院、社区艺术组织或博物馆。

常规活动已经变得乏味的团队 每周或每个月定期会面的团队最适合组织此项活动，可以为他们的互动注入新的活力。这个活动非常有趣，能够释放组员的创造力。

优点

肯定不同的理解方法 很多参与者，尤其是音乐家和其他的艺术家，一致认为通过音乐交流有助于更好地认识世界。

建立关系 音乐使得参与者间的互动更加随意，有助于建立良好的关系。

释放创造力 让人们能够尝试新的方法和新的交流方式。

充满活力 可以为一些正式的场合增加活力，受到人们的欢迎。

注意事项

不适感 很多人觉得这一活动让人不舒服或者没有方向感，因此活动的主持人应该强调，通过一种不常见的方式表达，会产生对问题的新看法。

对讨论方式的困惑 首先，需要帮助参与者弄明白如何通过音乐进行讨论。一个有效的方法就是展示以前小组的做法。

示范这项活动 活动主持人应该示范一下如何通过音乐分析问

题，提供一些具体的例子，供大家参考。

时间限制　一定要拿出20分钟进行音乐创作，10分钟讨论出现的新观点。

适用该方法的问题

- "假如你被要求执行你不同意的决定，你会有何感觉？"
- "我们的交流听上去怎么样？"
- "是什么造就了一支高效的团队？"
- "一个讨论里，有两种意见，一种是完全同意，另一种是完全不同意，这个讨论是什么样子的呢？"
- "我们如何完成使命？"
- "充分完成工作是一种什么样的感觉？"
- "我们如何对待工作带来的挫折和沮丧？"

方法 29

适时保持沉默

在一段谈话中，适时的沉默必不可少。但讨论过程中出现的沉默通常被视为很奇怪的行为，沉默意味着这段时间什么事情也没有发生。通过这个活动，逐渐让人们对沉默不那么抵触，而是把它看作讨论中不可或缺的一部分。

目的

- 在讨论中适时地保持沉默，让参与者在沉默的时候也感到舒服。
- 限制讨论范围，让参与者注意重点和新出现的问题。
- 让那些没有发言的人加入讨论。

操作步骤

● 每隔15分钟，活动的主持人就要让人们停下来，沉默两到三分钟，思考他们或者别人提出的问题。

● 我们经常问的一些问题包括："今天提出的最重要的观点是什么？""到现在为止，在讨论过程中，你提出了什么问题？""在过去的二十分钟，你所提出的哪个问题得到了肯定？哪个问题受到了质疑？""我们漏掉了哪个重要的方面？""什么问题令人困惑不解，我们需要再思考一下？"

● 在沉默的这段时间，参与者将他们的回答写在长方形的小卡片上，或者将自己的想法写在白纸上，就像匿名反馈法中的那样（见方法5）。活动的主持人应强调这是匿名的。

● 两三分钟后，人们将自己的卡片交给活动的主持人，主持人从中随机挑选几张卡片，跟小组成员交流。或者活动的参与者将反馈展示在屏幕上，如同匿名反馈法，让人们对感兴趣的回答进行评论。

● 根据参与者的反馈，活动的参与者和小组讨论该如何继续进行活动。

适用场合和情景

小组成员比较沉默，犹豫不决　组员的性格比较安静，这是进行此活动的一个重要原因。

小组成员在多种方向中容易偏离　这有助于限定小组讨论的范围，进行更深入的讨论。

组员间有上下级关系　如果小组成员中有上下级关系，比较内向的组员不敢提出批评或者建议。这项活动有助于鼓励组员参与。

优点

匿名进行　如果组织得当，这项活动可以帮助人们提出一些难题，挑战领导者，或者承认自己的困惑而不担心被人发现。

提供平等参与的机会　性格内向者和使用非母语交流者可以利用这个机会参与讨论。

限定讨论范围　参与者反映，时不时地停下来思考问题有助于将讨论限制在一定范围之内。

有序地开展讨论　讨论过程中要经常引用前一个发言者的评论和发言，这就使得对话层次有序，避免从一个话题跳跃到另一个话题。

注意事项

有的成员对沉默感觉不舒服　一开始做这个活动的时候，你可以放一些安静的背景音乐，这样不至于在完全无声的环境下进行讨论。

活动时间安排不当　有时候，讨论正在进行，做这个活动会使讨论失去动力和活力。有时候，讨论进行到关键时刻，人们为某个难题绞尽脑汁或陷入矛盾，这个时候就不必每隔15分钟进行沉默思考。要认真判断何时使用这样的活动，必要的时候可以跳过该项活动。

适用该方法的问题

写下一些我们经常提的问题。

- "今天到现在为止，我们提出的最重要的观点是什么？"
- "到现在为止，在讨论当中，你提出了哪些问题？"

- "在刚刚过去的二十分钟，你所提出的假设，哪个得到了肯定？哪个受到了质疑？"
- "我们错过了哪些重要的观点？"
- "哪一点令人困惑甚至不解，需要我们重新审视？"

方法 30
书面交流表达观点

这一方法吸取了网上论坛和聊天室的优点，并将其运用到现场的面对面讨论中。在各个小组中，小组组员们通过发短消息、即时通讯或用印刷体书写在卡片上，来回答问题。简要地说一下活动的优点和缺点。

目的

- 体验同在场或不在场的组员进行书面交流而不是口头交流。
- 适用于那些认为口头讨论速度过快而觉得紧张的人，或者喜欢通过书面交流来谨慎地表达观点的人。
- 将书面交流和眼神交流、手势、肢体语言和接触结合起来。

操作步骤

• 五个人一组讨论问题，要告诉参与者书面交流是主要方式，不允许说话。参与者可以通过面部表情和肢体语言对书面交流进行补充。

• 在现场会议、研讨会和班级里，人们将信息写到卡片上。每个人的字体要大一些，让所有的组员都能看清。卡片放在桌子的中间或者夹在画架上。在讨论进行的过程中，确保每个人都能看到这些卡片，而且参与者还可以将卡片移到新的位置或重新组合。

• 在口头汇报中，组员可以讨论书面交流的优点和缺点。

适用场合和情景

网上论坛　这个活动的灵感来源于论坛，在论坛上，所有人都是通过书面交流。因此这个活动特别适用于网上交流。

在你试图弱化语言的作用时　那些对完全依靠口头表达感到不舒服的人，乐意通过书面来交流，即使是短暂的交流。

想要深化讨论的情况　与口头表达转瞬即逝的特点不同，书面交流能使人们更深入地讨论一个话题。

优点

能够记录讨论内容　参与者在发表评论之前可以参考之前的观点。

有时间对信息进行加工　对那些需要时间思考如何回答问题的人，这个活动很有吸引力。

内向的人会更加放松　对于内向的人来说，没有准备就要发言，会对他们造成很大的压力。而这个活动减轻了他们的压力。

注意事项

性格外向的人会感到沮丧　性格外向的人通过书面交流会感到沮丧。因此要提醒他们，不是所有人都喜欢口头交流，有时候书面交流更加合适。

忽视发短信的作用　通过发短消息，并将消息的内容显示在大屏幕上的方式进行讨论（就像"匿名反馈法"或"提问与反馈讨论法"这两个活动），与将信息写在卡片上来交流是不同的。年轻学生更喜欢通过社交媒体发短消息。

缺少自发性和感情交流　在一个激烈的口头讨论中，你会发现讨论气氛很活跃，因为参与者都非常激动，急于表达自己的观点、举证实例、反应敏捷。这样的活力在书面讨论中很少见；相反，更多的是沉思。

缺乏活力　用键盘打字，依靠书面信息来进行冗长的讨论，容易让参与者很快感到疲劳和沮丧。如果这项活动让参与者感到不适，就应该停止。

适用该方法的问题

由于这项活动注重交流方式，讨论范围不受限。

方法 31

把能想到的一切想法速写下来

速写需要花费两三分钟，目的是消除人们在未经准备讲话时所产生的紧张情绪。

目的

- 让人们很快地注意某一问题或议题。

- 记录一些想法，让参与者都有机会参与。

- 消除因未经准备而产生的紧张感。

- 为基于文本的讨论提供一个开场白。

操作步骤

● 参与者写下对问题的回答或者对之前他们所阅读的文本的提示，如报告、政策汇报、项目评价或者指定章节。

● 参与者用两三分钟的时间写下所能想到的一切回答（有时也叫作"自由书写"），他们可以将这些用于小组讨论中。

● 在全组讨论中，快速书写可以用于很多方面。参与者可以逐字逐句地将全部或部分的内容读出来，作为新一轮讨论的提示，也可以在讨论过程中修改之前的想法。

适用场合和情景

不习惯讨论的人　速写活动对于刚刚接触讨论的参与者效果更明显，他们希望有时间思考，将他们的想法写下来。

在参与者不愿意发表评论时　当参与者读一个写在纸上的答案时，他们可以不那么紧张。

需要提前阅读的情况　如果参与者得知提前阅读是为速写活动做准备的，他们会更愿意提前阅读。

愿意通过书写表达想法的人　很多人都乐意将自己的想法写下来，起码活动刚开始是这样。这项活动让他们能够从自己的优势着手。

优点

先写后说　很多人告诉我们，当他们把自己的想法写下来后，会思考得更清晰，表达得更明确。

加深思考　一些参与者认为，如果先将想法写下来，会让讨论更深刻。

注意事项

找到合适的发言时机　对很多参与者来说，很难找到合适的时机来读一个快速写下来的想法。他们必须等到讨论不那么热烈时才能插上话。活动的主持人需要不时地问一下："有没有快速写下来的想法？让我们来听一听吧。"

别人说了你的想法　有的时候组员之间的想法可能十分相似。在这种情况下，读出自己快速书写的内容就会显得重复又多余。

考虑到参与者的文化水平　在任何场合下进行这个活动，假如参与者不识字，那将会非常难堪，导致不必要的羞辱。如果你不知道参与者的文化水平，这项活动会让本来处于劣势的参与者处境更加艰难。

适用此方法的问题

- "对你而言，本次展示最重要的观点是什么？为什么？"
- "本文重要的经验是什么？你将如何把它们运用到生活中？"
- "你将如何对没有到场的朋友总结这次谈话？"
- "下一步我们将如何处理这个问题？"

方法 32

鸡尾酒会式讨论法

鸡尾酒会是一个非正式的活动，尝试让人们放松下来，用新的方式思考问题。如果人们对这个活动没有心理准备，通常会感到这个活动很好玩，甚至会有些惊讶。所以如果你想让人们人吃一惊，用不同与往常的方式来解决问题，这是一个非常适合的活动。

目的

• 用这种有趣的、非正式的然而大家所熟知的交流方式，能为讨论注入新的活力。

• 广泛收集关于某个话题或主题的看法。

• 激发思考，引发对某一问题或话题的创造性回答。

操作步骤

• 活动的主持人在上课前、开会或培训前，准备开胃菜和不含酒精的饮料。在一张长方形的小卡片上，写下对话的提示，意图鼓励对问题或者议题进行新的思考，每个盘子里放2~3张卡片。

• 主持人宣布今天的讨论会按照鸡尾酒会的方式举行，对每个小组提出一个问题或者难题，参与者互相讨论对问题的看法。

• 主持人提供对话提示、食品和饮料，将这些放在盘子里，托着盘子在会议室四处走动。

• 参与者要在房间里四处走动，跟尽可能多的人交流，听听其他人的想法。参与者吃东西、喝饮料、聊天、交谈，讨论他们拿到的各种各样的对话提示。

• 每隔5分钟，参与者就要换一个人交谈或者加入一个不同的小组交谈。

• 最后，所有参与者聚在一起，每个人分享他们在房间里四处走动时所听到的各种各样的观点。

适用场合和情景

高等教育场所　有一个群体对鸡尾酒会表现出巨大兴趣，即大学生。主要是因为主持人主动担起了侍应生的职责，为他们端上饮料，确实让他们感到惊讶。如果活动的目的是鼓励大家参与或者树立一个积极的基调，鸡尾酒会是非常好的方式。

职员培训　强制性的职员培训通常让人觉得恐惧。通常，专家们对着幻灯片侃侃而谈，说的都是一些听众不需要知道或者根本用不上的东西。这个活动的新奇之处就在于它能够让人们立即参与进来。

优点

趣味性 这项活动令人耳目一新，不受拘束，因此，也自然能够活跃气氛，让参与者畅所欲言，大胆提出批评意见或者提出一些别人没想到的想法。

非正式 很多人都注意到，在一个如此放松的环境中与人交谈，会让人感觉舒服。

注意事项

让人们注意自己的任务 由于活动让人感到放松，觉得不正式，很容易就会偏题。当你在房间里走动时，如果发现有偏题的倾向，你可以提出一个问题，让大家重新返回正题。

让人们充分参与 同其他聚会一样，人们倾向于与一两个客人进行深入的讨论。这时你要确保参与者每隔5分钟就换一个对象交谈或者换一个小组讨论。

适用该方法的问题

适合这个活动的问题是宽泛的、能够鼓励不同观点的。

- "自从你加入这个组织，你最难忘的经历是什么？"
- "是什么让你无法参与到会议当中？"
- "我们所做的事情当中，哪些进展得非常好？"

方法 33

玻姆式对话法

根据著名物理学家戴维·玻姆的《论对话》一书，这一活动旨在让小组更加深入和连贯地讨论和思考。

目的

- 能够在对话参与者中产生一种连贯的有意义的讨论。

- 能够在一起更加高效地思考问题。

- 在彼此的观点上自由地发挥创造力和想象力。

- 指出影响分享观点和集体思考的障碍。

- 能够卓有成效地思考一些难以理解的问题。

操作步骤

● 参与者围成一个圆圈，会议召集人解释这个对话的意义：这个活动没有成功和失败之分，不要试图去说服别人，重点是要理解人们所要表达的意思，而不做任何的评判和批评，目的是推进集体思考。

● 玻姆建议，当人们第一次聚在一起时，可以就对话本身进行讨论，比如："是什么让对话如此困难？""什么样的条件会促成良好的对话？"

● 不必急于做出回答。鼓励人们沉思，只有听到别人评论，受到启发时才发言。因为沉默表明人们在真正地思考。鼓励人们闭上眼睛或者看着天花板，因为这么做也许会有助于思考。

● 为了取得最佳效果，这一过程可以进行很长时间。玻姆建议两个小时，但我们通常用15～30分钟来做这项活动。

● 活动的最后，参与者互相分享他们更加深刻的领悟。

适用场合和情景

时间充裕的情况　人们需要足够的时间思考，才能够看到明显的效果。

在需要慎重思考的场合　这个活动在公众集会、互助小组、研讨会和高等教育上都取得了很好的效果。然而早期采用该方法的人需要寻求新的、更好的方法来领导团队。

打破层级模式　那些试图在团队内部推行民主化的人会觉得这个活动很有用。

优点

活动很有感召力　参与这个活动会让人受到启发，耳目一新。

参与者的价值得到体现　活动重视每个参与者的贡献。

避免竞争或者让人有高人一等的感觉　这一过程避免反驳别人的观点或者依附于别人。

体验真实的集体思考　这种一起讨论、一起思考的方式，有助于讨论产生新的方向和成果。

注意事项

活动最初参与者对活动带有沮丧和抵制情绪　由于活动组织不力而产生的沮丧情绪，是非常正常的，并且是可以预料的。不要压抑自己的情绪，但不能因此退缩。放松的氛围有助于激发想象力思维，促使参与者认真倾听。

时间限制　给予充足的时间，但是不要期望过高。

小组规模　玻姆建议四十人的小组比较合适，能够代表广泛的意见和观点，但是也可能弱化对话。我们相应地减少了小组人数。

适用该方法的问题

- "是什么让对话如此困难？"
- "什么条件能够促成良好的对话？"
- "什么会阻止我们实现潜能？"
- "我们需要什么条件才能将工作做到最好？"
- "我们哪方面做得最好？"

方法 34

成为信仰者和欣赏者，而不是怀疑者

试图通过理解逻辑和理论基础来证实一个观点和我们的观点不同，是讨论中最考验智商和情商的做法。我们发现，如果用简短的5分钟来完成讨论，人们更容易接受。

目的

- 练习成为一个受过良好训练的信仰者，而不是我们习以为常的怀疑者。
- 练习相信一个不熟悉的观点所带来的"美德和优点"。
- 让参与者改变固有的观念。
- 探索如何通过共同的信仰建设团队。

操作步骤

• 活动开始时，首先要观察生活中的方法论信仰。我们通常使用电影《恐惧的颜色》作为例子，在这部电影里，有一个白人一直怀疑种族歧视的存在，他被这样问道："是什么让你看不到有色人种的生活是如此艰辛、残酷，而且看不到无处不在的歧视？"他答道："很难相信人们会如此卑劣地对待彼此。"随之他又被问道："如果真的有人这么做了呢？"电影的最后给出了这样的回答："那真是一个悲剧。"

• 这个例子被用于该讨论方法，这个白人男子摆脱了他的疑问，尽管是暂时的，这也肯定了种族主义是无处不在的，残酷的，正如他所被告知的那样。

• 活动主持人提出一个问题陈述，让人们相信其是正确的。问题如下所示：

◆ "最高效的团队主要依赖于人们所提问题的质量。假设这是正确的，我们的团队该如何改变？"

◆ "轻微的种族歧视在我们的社区随处可见。假设这是正确的，我们需要怎么做？"

• 给每个小组五分钟的时间进行头脑风暴，思索如何回答。然后所有的小组、班级和会议人员集合起来分享他们的答案，尤其是分享心得观点，以及他们改变原来观点的过程。

适用场合和情景

团队建设 练习方法论信仰有助于认识和欣赏组员各自不同的才

华和观点。

提防群体盲思 即使是最谨慎的小组有时也会很快得出一个预设的结论。这一活动提醒参与者需考虑不同的视角和可能性。

介绍一个有挑战意义的观点或练习 当参与者考虑一个有挑战性的观点时，知道这个阶段是有时间限制的，只需要短短五分钟。

创建一个包容的环境 当经验和观点出现真实明显的差异时，这一活动让人们感觉他们的观点是被认真考虑的。

优点

欢迎不同的观点 很多人喜欢短暂地体验其他一些新观点，就当作它们是正确的一样。

一次值得尝试的挑战 很多参与者乐意试图去接受一个他们不同意的观点。

改变思想 尽管这并不经常发生，但一些参与者愿意接受这个活动给自己带来的思想转变。

注意事项

人为的表演 让人们相信他们不熟悉的事情，并假装是真的，哪怕只坚持五分钟，对一些人来说也是浪费时间。你需要提醒人们，让大多数人理解或接受一个观点有助于达成共识或解决冲突，从而推动项目的发展。

思想拓展的困难 要相信一个与你原有的假设相反的观点或陈述是十分困难的。如果你所不同意的观点实际上是正确的，那结果更是不敢想象。因此，设计一个能够激发和释放创造力的信仰观点是十分重要的。

有可能会导致滥用 如果要求参与者相信一些可怕的观点，可能会导致一些状况。例如："种族歧视不存在，只是存在于有色人种的思想里。""土著居民没有权利要回他们祖先的土地。""气候变化是一个骗局，完全没有任何依据。"假如相信这样的言论，哪怕五分钟，也会深化参与者的偏执和分歧。

适用该方法的问题

下面这些"假如—怎么办"的情况，我们认为可以用于这项活动：

• "假如种族歧视确实是像有色人种说得那样，是残酷的、严峻的和无所不在的，那该怎么办？"

• "假如被人赏识是我们努力工作最有力的推动因素，对我们来说意味着什么？"

• "假如我们所提的问题决定了我们团队的效率，会怎么样？"

• "假如能够对员工产生最大影响的东西是上司对他们的尊重程度，我们要做些什么？"

方法 35

给参与者合理的压力

同巴普蒂斯特的观点一样，我们认为现实中确实存在道德胁迫：用你的权威强迫某人做他或她所不愿意做的事情，因为你觉得这都是为他们的利益着想。在讨论时，我们知道如果一开始不让那些不习惯开口发言的人在会议中讲话，随着时间的流逝，他们会越来越不愿意讲话。因此，有时候我们需要给他们一点压力，让他们开口发言。

目的

- 让那些通常情况下选择沉默的人参与到讨论中。
- 提供一些安全的方式让人们摆脱首次讲话时的紧张感。

操作步骤

为了让这个活动产生效果，一定不能突然向人们施压。在讨论开始时，主持人宣布他们将用一系列的方法让人们参与讨论，如下所示：

- **放弃后再回来** 如果人们拒绝讲话，让他们知道你将在几分钟后继续就同一个问题征求他们的意见。

- **延长等待时间** 让人们有足够的思考时间，大约是30秒钟。一开始这样做的时候，可能会感觉气氛有点紧张或者尴尬，但是过一会儿，人们就开始适应了。

- **网上发帖** 允许人们在被提问时不作答，但是要求他们在当天将答案发布到网上。然后进行检查，如果他们没有按时发布，要（公开）提醒他们，希望看到他们的答案。

- **社交媒体速写** 告诉讨论者在主题匿名讨论群里（见方法5）发表观点，每10～15分钟查看更新的讨论内容和评论。

- **将每周的安排交替进行** 这个周你会进行提问，下个周就不提问。

- **合理解释你的要求** 当要求某人发言时，你要解释一下为什么希望听到他或她的发言（比如，他们有相关的经验，他们在网上发布了有趣的内容，他们在非集合的场合说的一些话引起了你的兴趣，等等）。

- **询问参与者不情愿发言的理由** 问一下发言者为什么难以做出回答。有时候你会发现是提问不够清楚或者你误解了这个小组的知识储备。

- **问那些沉默的参与者** 告诉组员们："现在我希望听那些从未

发言过的人回答这个问题。"

适用场合和情景

活动主持人值得信赖　如果人们认识到主持人这样做是为了鼓励参与者发言而不是让他们出丑，他们会更乐意回答问题。因此，只有当主持人已经跟这个小组一起工作过一段时间后，再介绍这个活动。

当有小组协助时　如果一个小组用这种方法在研讨会、课堂和会议上演示了一遍，效果会更好。

优点

能够说出自己的意见，得到倾听　尽管人们一开始会感到不舒服，但他们告诉我们，一段时间后，他们很高兴地发现自己的发言最终得到了大家的认可。

时间充裕　当一开始被提问没有发言时，人们就会对第二次机会很感激，这也让他们有了足够的思考时间。

允许相互协商　人们对组长和参与者之间的互相让步十分认可，比如对参与者进行隔周交替提问。

注意事项

欺凌行为　如果你不注意自己的言行，你可能看起来就是在指责或欺凌他人。

让参与者感到尴尬　如果30秒钟过后参与者还没有给出回答，这可能会让他或她很尴尬，因为所有人都在沉默地等待。

合理的拒绝　正所谓有合理的压力，就有合理的拒绝。要考虑到你可能正在以一种不负责任的方式给参与者施加压力。

时间判断失误　如果你无权要求人们做出回答或者他们对你或这个场合有所怀疑，此时，你若强行施压，只会适得其反。

无法做出示范　如果你正在组织一场讨论，你试图示范这些方法，自己提出一个问题，然后等待一会儿后，说你无法回答该问题，这样会让你看起来非常笨拙。

适用该方法的问题

通过邀请不爱发言的人回答问题，在讨论的过程中，自然而然地就会产生一些相应的问题。

方法 36

抽纸条发言法

假如一些讨论是基于之前布置的阅读材料，比如公司发展策略的草稿或者关于某个理论或新内容的学术文本，人们往往不愿意发言。他们不想因为回答错误、重点讲出不相关的观点或者连基本的概念都不清楚而感到没面子。这项活动将会缓解人们对自己的表现不够机智的担心，同时又确保讨论不脱离文本。

目的

- 让参与者集中注意力讨论布置过的文本。
- 缓解即兴讨论或者点名让人们起来回答问题时的压力。
- 让人们有时间在发言前进行思考。

- 缓解参与者因为想要完整无误地解释文本而产生的焦虑感。

操作步骤

- 在讨论文本之前，活动的主持人将文本中的一些重要的句子、建议或者有争议的论断打印出来。每句话都打印多份。

- 将这些话语小纸条放到帽子里或碗里。在日常会议、讨论会或课堂上，活动的主持人让每位参与者从中抽出一张小纸条。

- 人们花一分钟的时间考虑所抽取的小纸条上的话语，然后要求每个人都读出这句话并加以评论。发言的顺序由参与者自己决定。

- 那些害怕在公众面前发言的人通常在最后发言。当同样的一句话已经被评价了五六遍时，那些后来发言的人听到前面的人念出这句话并加以评论，即使他们没有自己的观点，也可以根据他们所听到的对这句话加以肯定、补充甚至反对。

- 当所有人都发言后，小组进入开放式讨论。

适用场合和情景

基于一些书面材料的讨论　这一活动明显适用于参与者已经提前阅读材料的情况。通过讨论，探讨参与者对书面材料的看法。

讨论有争议性的观点　有时候人们希望避免书面材料当中有争议性或者比较难的部分。从中选择一些话语，从而让人们不去刻意回避一些争议性的话题或复杂的观点。

优点

有时间思考　性格内向者或使用非母语交流者可以在发言之前考

虑一下他们要说的内容，或者将要说的话写下来。

注重书面材料的某个具体片段　对文本中某一片段进行提问的效果要比直接问"你对书面材料中的哪一点印象最深刻"好得多。对于一些人来说，直接提问书面材料令人感到迷惑，重点不突出。

前面的回答为后来的回答搭建了支架　对于那些一开始无法对小纸条里的话语做出回答的人来说，听到别人的回答是非常有帮助的。他们会在最开始评论的基础上继续思考、提问或者补充。

让参与过程民主化　每个人都有机会发言，而且比在开放式讨论中更安全。

注意事项

简单重复别人的意见　当轮到他们回答问题时，一些非常羞怯或者不情愿回答问题的学生经常会说："我同意里昂或者伊娃的观点。"主持人需要让他们知道，大家还会深入地向他们提问，让他们展开陈述，这样他们就不会毫无准备。

注意参与者的一般性猜测　最健谈最有自信的学生通常会第一个起来回答问题，这会加强小组中本来的等级顺序。如果这样的情况一直发生，你可以让两到三个最先举手的同学起来回答问题。

适用该方法的问题

由于这项活动需要活动的主持人选择话语或者节选文本片段，因此并没有适合这项活动的具体问题。

方法 37

选取需要肯定和质疑的话语

先阅读材料再讨论，这样反而会增加讨论的难度。一些参与者只是匆匆看了两眼材料，还有一些参与者则完全不看，或者只对材料中的某一点发表评论。讨论开始后，就变成总结发言、陈词滥调和一些未经证实的论断，这项活动就是为了解决这些问题。

目的

- 确保每个人都提前阅读了材料。

- 确保参与者把讨论的重心放在书面材料上。

- 阻止不正确的言论。

- 展示人们如何回应某一文本的相同和不同之处。

- 标注出对读者来说最和谐或者最不和谐的部分。

操作步骤

- 参与者要提前阅读材料，并且从材料中选取一句希望表示肯定或者希望表达质疑的话，带到会议上。

- 选取要肯定的某句话，是因为这句话经过经验证明是正确的，或者是某人的亲身经历，或许它代表了最重要的观点或讨论的关键要素，或许是这句话富有韵律，朗朗上口。

- 选取要质疑的某句话，是因为这句话不正确或者比较片面，或者这句话与经验不符，又或者宣扬了不道德、不正确的事情。

- 开会时，参与者需要分成五人的小组。组员间相互交流自己选择的肯定或质疑的话语，以及选这句话的原因。

- 讨论结束后，小组从所有的话语中选出一句肯定的话和一句质疑的话。有时候选取这句话是因为不止一人提到它，有时候选取这句话是因为它能激起大家的广泛讨论，或者选这句话的人说服了其他组员。这两句话要来自同一小组的不同组员。

- 将选出来的这儿句话分别写在纸上，张贴在房间里，同时在纸上总结一下小组选这些话语的理由。每张纸旁边再贴一张空白纸。

- 给每个参与者发一支笔，要求参与者沿着房间走动，并写下他们对这两句话表示支持或反对的理由。

- 各小组聚集在他们张贴的帖子前，阅读和讨论其他人的评论。几分钟后，所有小组重新聚在一起，讨论一下哪些话语是非常关键的以及哪些话语能够引起强烈的反响。

适用场合和情景

基于书面材料的讨论 这一活动明显适用于参与者提前阅读材料的情况下，然后探讨人们对材料的反应。

人们不愿意阅读大量材料的情况 从文章中选两句话进行讨论明显要比回答一个笼统的问题好得多，如"你对整篇文章的看法是什么"？

学术场合 当老师讲授专业的课程内容或者希望启发学生对文章理解的时候，这个活动非常有效。

一种非正式的公开会议或座谈会 适用于工作会议小组制定新战略规划、一次座谈会回顾受环境因素影响的一次研究的成果发现，或者任何团队面对一个能影响他们运作的文件时，这个活动都非常适用。

优点

参与者有各种与众不同的回答 当列出各自选取的话语时，参与者会很惊讶地发现人们对同一书面材料的反应是如此不同。

每个人都有机会参与 在小组讨论的时候，所有成员都可以提出自己选取的话语，并证明其重要性。

对书面材料的讨论更加深刻 在小组讨论和大组讨论中，人们经常快速浏览指定的书面材料，阅读指定的句子和段落。

提前花时间阅读材料是值得的 人们会感觉提前花时间阅读书面材料非常值得。

注意事项

很难决定选取哪些话语　在这种情况下，建议每个小组选取代表两种不同观点的话语。

选择的范围太广　有时候在选取的话语中找不到共同之处或者交汇点，但是这一点本身就很有启发意义。它避免了人们对此给出千篇一律的解读，帮助人们更好地理解在同一个房间里，每个人有着各自不同的观点。

没有提供理由　各个小组通常会将注意力集中于他们所挑选的话语，而忽略掉他们选择这些话的原因。要提醒人们记得在帖子中发表观点的时候写上选取理由。

适合该方法的问题

这项活动注重对书面材料的反应而非提出问题。

方法 38

话题分解后再向他人讲解

当一个话题可以被轻易分解成几个不同部分时，参与者可能熟悉其中的一部分，然后将这部分讲解给其他人。

目的

- 展示如何通过讨论来促进小组对某一话题的深入理解。

- 让每一个参与者都成为专家，对其他组员讲解。

- 体验两种不同的讨论方式：一种是人们之间互相学习，另一种是人们之间互相传授。

操作步骤

- 一个比较大的组决定讨论一个话题，而这个话题又可以分解成五到六个子话题。

- 五到六人组成一个小组讨论一个子话题。每个小组的成员数与子话题的数量相同。

- 在第一轮"专家"回合，每个小组选一个不同的子话题，每个小组成员都要熟读该话题。

- 所有的小组重新聚在一起，交流他们学到的知识。他们可以就话题提出一些相关问题，寻求相同点和不同点，考虑不同的诠释。

- 小组成员总结他们对子话题的理解，决定他们希望交流的要点以及在下一轮中他们如何传授这些知识。

- 第二轮的时候，每个讨论子话题的小组从中选出一名专家代表，组成新的小组。每位专家要向组员展示他（她）所在的子话题组的重要发现和问题。

- 在一个比较合适的时间，整个大组聚在一起，讨论学到的经验、未解决的问题和未来的方向。

适用场合和情景

领导力的培养　话题分解法为参与者提供了一个在小范围内当领导者的机会。他们要在短时间内帮助其他人提高技能和增加知识。

加强劳动分工　当小组需要完成较多任务，而且完成任务所需的资源有限时，这样活动效果较好。

深化学术探讨　这一活动鼓励学生进行深层次的阅读和研究，以成为子话题方面的专家。

优点

促进合作　人们通过互相合作，建立更加和谐的团队。

对学习的控制　人们知道学习完全取决于自身的努力。

传授专业知识　每个专家都希望具备其他组员所需要的专业领域知识。

注意事项

花费时间太多　这一活动可能耗时很久，这取决于讨论的话题和材料。但是如果安排得当的话，整个活动需要两个小时，参与者会觉得他们从中学到了很多东西，参与这样的讨论是值得的。

陷入说教主义　第二回合可能会过于说教，专家会认为他们需要教会人们，所以我们需要提醒专家，只分享一些简单的观点即可，然后通过大家提出的问题来展开讨论。

无用论　不需要把这项活动变成一系列的宣讲会，以此改变会议、课堂或研讨会的进度。这个活动要始终与增加知识和提高技能相关联，或者能够让小组在适当的情形下做出明智的行动。

适用该方法的问题

任何一个能够被分解成几个子问题的复杂问题都可以用来提问，如下列所示：

- "如何从理论观点1、2、3来解释这个数据？"
- "我们如何将这项最重要的方面与我们任务中其他不同的方面

相结合？”

- “我们如何在不同的领域中运用批判性思维？”

- “我们如何提高跨学科的写作能力？”

- “高效实践的组成部分是什么？”

方法 39

为需要讨论的材料起标题

这项活动让人们认真对待一篇文章，不再是像以前一样总结文章的主要观点，而是给文章起标题（文章故意不给标题）。

目的

- 让人们仔细地阅读、分析和讨论一篇文章。
- 明确文章的主要观点，说出他们选择标题的理由。

操作步骤

- 给参与者一篇700字左右未加题目的短文，大致与一篇报纸专栏的字数相当，让他们自己阅读。

- 每个人都记下这篇文章的主要思想，为文章拟一个题目。

- 在5～6人的小组里，每个人都提出一个题目，并说出该题目如何反映了文章的主要思想。

- 每组选出一个最能反映出文章主要思想的题目。当组员将不同题目间的元素相互组合时，就会产生富有创造力的混合和匹配。

- 每个小组向大组展示其所选的标题及原因。

- 整个大组讨论不同题目的优点和缺点，选出最适合这篇文章的题目。

适用场合和情景

这项活动适用于任何地方，有助于人们讨论文章的主要思想。文章可以是一篇任务概述或者行动纲要，或者任何从指定材料中的节选。

学术场合　找出主要思想，拟订相关题目，在高中和大学的标准化测试中都很常见。

为一个新项目起名字　机构和社区有一个新的发展方向或者研发一个新的项目都需要与目标观众和使用者进行沟通，解释新项目的内涵。给文章起一个能较好描述项目目的的名字，能够产生简洁的融合，立即反映出新项目的本质。

主题讨论会　在公司、机构或团队的主题讨论会上，这一活动能够帮助讨论会清晰地阐释一些让人们团结起来的承诺和目的。为任务陈述或者年终业绩总结起一个标题有助于再次确认一些基本的信念。

优点

激发创造力　这一活动有点类似头脑风暴和自由联想，适合那些右半脑学习者。

集中注意力　这一活动看似简单，实则很难。参与者反映很享受和同事们一起讨论这个话题所带来的挑战。

注意事项

缺乏信息的选择　对于一些创造力强的人来说，很容易想出一些偏离文章主要思想的题目。

不给理由　有时候各个小组想出一些题目却没有给出原因。你需要提醒参与者，分享他们选择这个题目的原因非常重要，要留出足够的时间给他们。

忽略了示范过程　除了在学校，对参与者而言这项活动可能比较陌生，所以你应该在屏幕上播放一个短片，根据你的理解，提出几个待选标题。

适用该方法的问题

无论使用什么样的书面材料，问题是一样的："这篇文章的主要思想是什么？什么样的标题能够较好地反映出文章的主要思想？"

方法 40

争议性议题小组辩论法

辩论不是讨论。在辩论中，你要试着说服别人你的观点是正确的，同时认真倾听别人的观点，找出对方的不足从而反驳他（她）；因此，这个方法包含在我们这本书中就显得很奇怪。然而，争议性议题小组辩论法需要有人严肃地审视他（她）之前认为无关或者不正确的观点或角度。我们认为这些都是讨论不可或缺的一部分。

目的

- 鼓励人们考虑一下之前认为不相关或不正确的观点。
- 营造一个相对轻松的环境，参与者可以对自己一直以来持有的观点进行批判。

操作步骤

• 活动的主持人找到一个有争议性的议题，对于这个议题，参与者的观点不一致，将这个议题设计一下，使之适合辩论。

• 要参与者举手表决，分成两组：一组准备论据来支持辩题；另一组则反对辩题。

• 当小组确定后，活动主持人宣布，举手表示支持辩题的小组现在要准备论据来反对辩题，而原来反对辩题的小组要准备论据来支持辩题。

• 告诉小组成员们不需要改变他们的观点或者相信他们在辩论过程中所说的话。在下面的30分钟里，他们要假装相信一个与之前完全相反的观点。每个小组花15分钟准备论据，然后选一个代表进行陈述。每个代表有5分钟的陈述时间。在最初的陈述结束后，小组成员重新聚集起来准备相反观点的论据。然后每组再另选一个代表起来陈述，对相反观点的陈述也是5分钟。

• 整个大组的组员简要汇报一下辩论与自己的立场相反的观点是什么感觉。这种新的思维方式带来了什么？能够产生新的理解吗？有人改变了自己原来的观点吗？这项活动证实了什么假设？质疑了什么假设？

适用场合和情景

小组成员立场不一致时 当小组成员对某一议题有不同立场时，这是沟通的有效方式。

小组成员思想狭隘 当小组成员坚持自己原有的观点时，这可以很好地帮助他们摆脱陈旧的观点 。

需要接受别人的观点时　如果机构或社区的成员不能够理解别人的观点，批判性辩论这个活动可以使他们暂时强化他们理解相反观点的能力。

发现机构或者个人的盲点　参与这个活动可以帮助组员意识到他们通常忽略的观点。

优点

刻意伪装练习　人们知道他们只是在假装接受相反的观点，并没有人要求他们改变观点。

讨论过程充满戏剧性　在辩论过程中，人们使用奇怪的手势和夸张的音调来强调自己的立场。

营造竞争氛围　人们喜欢同竞争对手辩论。他们为自己加油，向对手朝下竖大拇指等。

注意事项

这个活动只能做一遍　如果再试一次，人们知道你会小组互调，所以他们会在一开始就主动加入他们想加入的小组。

活动主持人需要有足够的威信　如果你领导这个小组不久后就做这个活动，组员们会感到被操控和欺骗，如果是这种情况，没有人会严肃对待这项活动。

适合这个活动的问题

当人们对社会活动的策略观点不一致时，比如："我们应该同这个机构组织合作来改变还是完全不合作？"或者当对道德行为有不同意见时，比如这样的问题："只有被大多数人支持的决定才有民主合法性？"我们做这个讨论活动。

方法 41

用一个词总结讨论内容

这个方法能够让每个人参与到讨论中，不需要发表过多的评论，同时也可以锻炼理解力，展示多种解释的可能性。

目的

- 简洁地表达观点或立论。

- 让每个人都有机会做简短的发言。

- 确定总结词的结构形式和主题，并进一步挖掘。

- 用选出来的总结词进行接下来的对话。

操作步骤

- 首先是10～15分钟的演示、视频或者对概念、理论或方法的讨论。

- 每个组员在纸片上写下他或她认为最能总结讨论内容的一个词。

- 所有组员围成一个大圈，每人轮流且连续不间断地念出他或她总结的词，其他人不得打断。

- 讨论记录员在新闻墙或者布告板上写下这些词。活动主持人也可以电子记录下这些词，做成词云。

- 一旦写下或者说出所有的词，每个组员走到新闻墙或者布告板前，用一支马克笔画出、标出、连线或者指出（包括书面评论）可以辨别的形式、主题、与讨论内容的联系以及相反的观点。

- 组员回到自己的座位，继续进行全组讨论，用新闻墙上的数据，作为他们继续讨论的跳板。

适用场合和情景

小组活动变得拖沓重复时　简单地说，用一个词总结内容非常适合改变花样。

小组间的参与形式变得不平衡时　这个方法能够让大家听到所有人发言，并且简单轻松，不会让人有压力。

刺激对复杂观点的新思考　将复杂的观点总结成一个词并探讨之间的关系，为交流提供了新的渠道。

讨论参与者互相不了解时　当参与者们互相不了解对方的情况，

不确定要表达什么时，这个方法可以让大家轻松参与到对话中。

优点

形式简单　整个活动，包括一开始的汇报，可以在15～20分钟内完成。

新奇性　这个活动能够让人们振作起来，所以在萎靡不振的时候，这个活动会给小组讨论注入活力。

适合内向者和使用非母语交流者　给出一个词非常简单，几乎所有人都可以做到，而且在新闻墙上连接相关词也无须讲话。

包含视觉因素　同黑板讨论法（见方法2）和纸上对话法（见方法4）一样，这个活动的图像特点非常适合视觉学习者。

注意事项

一个词的限制　有时候，人们很难找到一个词来抓住文章的主要思想，然而如果用多个词又会延长活动时间，所以尽管活动有缺陷，最好还是用一个词。

解释出现问题　有时候，我们很难看到选词的思考过程，将总结词写在布告板上，让人们有机会连结不同的词，在重复出现的概念下划线或者运用不等号和闪电束来指出冲突。

脱离总结词　在大组讨论快要结束时，人们很容易忘记他们选的词，所以活动的主持人要帮助人们集中注意力。

过度追求深奥　有时候人们认为，由于只能选一个词，这个词就必须严肃、有寓意或者有典故。尽管我们鼓励创造力，但我们不希望人们有太大压力，一定要想出一个意义深远的词。

适用该方法的问题

• "哪一个词最能总结你刚才听到和看到的？"

• "人们想到的这些词是如何彼此联系、相类似甚至有时候还是相互对立的？"

• "你在这些词之间发现了何种经常出现的形式结构和主题？"

方法 42

所有人参与讨论基本规则的制定

很多讨论进展得不顺利，仅仅是因为没有制订讨论的基本原则。这一活动让所有人参与规则的制订。

目的

- 帮助讨论者确认一些有助于有效开展讨论的特定行为。
- 让讨论者在实际讨论中实践这些行为。

操作步骤

- 开始人们各自默默地写下记忆中最好和最坏的讨论经历，要写下讨论令人满意或沮丧的具体原因。

- 4~6人组成一个小组，彼此交流他们所写下的内容。

- 小组进行头脑风暴，讨论具体怎么做才能让讨论进展顺利。这通常包括以下行为，如人们认真倾听、发表评论时简明扼要、不离题、提出一些优质的问题、每个人都发言，等等。

- 小组在一起交流一些阻止讨论顺利进展的行为。这通常与刚才提到的做法完全相反，如人们不认真倾听、经常打断别人、偏离主题、只有一小部分人参与讨论，等等。

- 所有小组在纸上写下令人愉快的讨论所具有的特征。

- 活动的主持人让小组将最频繁提到的做法转化成具体的行为，并加以鼓励。比如，如果人们不喜欢讨论被某一人控制，他们可以建议在一个人发言后，至少要等另外三个人都发言后，再次发言（见方法48，三人原则发言法）。

- 所有小组在纸上写下他们确认过的行为。

- 然后开展一个简单的讨论，解决一个问题，比如："我们今天需要完成的事情是什么？"那么小组成员就试着按照他们所认可的方式进行讨论。

适用场合和情景

刚开始讨论的小组　这是所有新成立的小组首先要做的事情之一。

学术场合　由于高等教育需要经常进行讨论，这个练习有助于营造良好的讨论文化。

需要做决策的小组　这个方法适用于那些对自己所做的正确决策感到骄傲的小组，比如决定尝试改进讨论过程。

对讨论缺乏经验的人　刚上大学的学生、参加社区活动的团体、机关工作人员等希望在决策制订过程中感到放松的人，都会受益于这项活动。

优点

自己的经验得到尊重　由于这些基本原则的制订是根据人们的经验得到的，所以人们会感到自己获得了尊重。

为小组的进程积极献策　当你参与到制订基本原则中时，你会更加容易记住和遵守这些原则。

具体性　人们认为制订一些具体的规则用于将来的讨论十分有用。

注意事项

时间估算不准确　思考最好和最坏的经历的时间不能超过10分钟，不然的话，小组就无法进行另一项重要的工作了，即确定具体的行为。

原则不够具体　需要推动小组思考一些具体的实际行为。活动主持人可以帮忙提供一些具体的行为，通常会有助于讨论，并促使参与者想到一些其他的具体行为。

适用该方法的问题

这项活动致力于培养参与讨论外部问题的能力，所以没有什么具体的问题，或者，你也可以用"你所参与过的最好和最坏的讨论是哪次"这样的问题。

方法 43

求同，哪怕只是暂时接受别人的观点

在讨论一些十分具有争论意义的话题时，参与者很容易将注意力锁定在分歧上面。这一方法主要是让参与者找出相同的地方，由此来开始更加富有成效的探索。

目的

- 帮助人们挑战自己对持对立观点者的假设（如对手信息闭塞、愚蠢、不人道、不道德等）。

- 练习接受别人的观点，哪怕只是暂时的。

- 防止有争议性的讨论变成偏向一方的讨论。

- 找出相同点，让争议性讨论继续进行。

操作步骤

- 活动主持人对一个有争议性的话题表达一个坚定的立场，如"美国是世界上最强大的国家""美国曾对土著人民进行了大屠杀""高等教育应该对所有人免费""应该增加联邦政府税收""应该废除税收政策""平权法案是无效的、不公正的，应当废除""美国这个国家盛行种族歧视"。

- 在5～6人的组里，参与者在纸上写下相关的依据和论据，支持或质疑某个观点。在这个阶段，尚没有针对某些观点达成的一致意见，也没有关于它们的讨论。

- 关于"美国是世界上最强大的国家"这个观点，人们可能会这么写："强大的国家是繁荣的""强大的国家是正义的""强大的国家很少出现或者没有饥饿现象""强大的国家都在不遗余力地关爱儿童""强大的国家有发达的教育制度""强大的国家应当对别的国家进行人道主义援助""美国收入差距很大""美国没有实现对许多人公平对待""美国的虐待儿童率非常高""有色人种在美国受到严重的歧视"。

- 一旦列出所有的观点，小组成员核查一下他们所同意的观点。同意人数最多的观点可以作为相同点。

- 小组讨论，对观点做出修改，直到达成一致意见或者可以确认无法达成一致。在达成一致的观点下画线。

- 小组成员最后检查一遍确保所有人都同意，再次强化那种强烈的一致感。

- 各个小组可以自由讨论，包括修改完全不同意的观点。

- 他们可以提出其他的相同之处，看看能否再次达成一致。

- 所有的成员聚在一起，讨论相同的观点，并思考寻找相同点是否降低了讨论内容的争议度。

适用场合和情景

适用于通过一致表决做决策的机构 贵格会教派和机构经常使用这个讨论方法。

内部有冲突的机构、社区和团体 在某些有争议的问题上导致分裂的团体，可以通过这个活动来达成一致。

从分裂的事件或主要的变化中恢复 当组织、社团和团体需要处理一些近期发生的危机，如校园仇恨暴力、规模缩减和裁员、任务描述发生改变，以及新的策略计划等，重新评估大家仍然可以达成一致的方面会对组织有所帮助。

优点

把讨论重点放在达成一致观点的方面 这对那些厌倦了冲突的人来说非常有吸引力而且令人振奋。

缓解争议 在确认共同点之后再讨论，会减少冲突和敌对。

注意事项

对某一观点产生看法 有时候讨论活动的发起者认为具有争议性的观点，实际上却不值一提。参与者很难对这个观点发表支持或反对的意见和提出依据。另一种做法是小组成员提前写下自己的观点，这样就可以在一开始提出一致观点。

程式化的一致同意　在组织机构和社区文化中，好的团队成员就是要支持或者同意其他人的意见。即使有不同意见，也只是"啊哈"、点头或者保持沉默。所以提前测验一下，确保你提出的观点可以引发小组的争论，或者一些极具争议性的观点，肯定会出现反对意见。

不可逾越的对立观点　一些话题会引发相当严重的分歧，我们首先想到的就是堕胎，若是试图在这个问题上寻求一致观点是不可能的。如果是这样的问题，很可能无法进行这项活动。

适用该方法的问题

讨论的基础是坚实的、有异议的、有争议性的观点，正如在"操作步骤"部分提出的那些观点一样。

方法 44

分角色表演短剧讨论法

我们从即兴表演戏剧和被压迫者剧场吸取了一些元素，设计了这个方法。小组通过表演一个滑稽短剧来回答问题，在表演的过程中，作为观众的组员可以随时打断表演，甚至改变结局。

目的

- 组织一个话题或问题的讨论，可以释放小组成员的创造力。
- 将戏剧的成分引入一些组织或团队的惯例讨论中。
- 通过探索新的不熟悉的视角来加深对话题或问题的理解。
- 那些通过运动和戏剧来学习会取得最佳效果的参与者。
- 帮助小组讨论那些十分具有争议性和情绪化的问题。

- 通过想象进入更加美好或公平的社会现实。

操作步骤

- 6~8人的小组用30分钟的时间来讨论一个问题或分析一个书面材料。

- 每个小组再用30分钟的时间来创作一个滑稽短剧，短剧的创作要围绕讨论的内容、存在的一致意见和分歧等。

- 短剧写完后，在所有人面前表演该短剧。

- 大组的任何成员都可以随时作为新的角色加入表演，增加剧情或者改变短剧的剧情走向。

- 原先创作短剧的小组可以选择跟随新加入的成员进行表演或者坚持原来的表演。

- 在所有的短剧表演完后，参与者可以讨论他们对这个话题的理解或者提出新的观点。

适用场合和情景

组织的讨论形式变得死气沉沉　经常会面的小组会从这个活动中受益良多。这项活动为互动注入了新的能量，活动形式十分有趣，可以激发组员的创造力。

有创作才能的机构　不难发现，这项活动对那些有创造或艺术性质的机构产生了良好的效果，如社区剧院、社区艺术机构或博物馆。

优点

这项活动赋予小组行动力　不仅仅是口头上说事情可能会有改

变，戏剧化讨论让人们用大脑和身体来表现出不同之处。这为变化提供了动力，让人们看到如何扭转受限制的局面。

新奇性　戏剧化表演对大部分人来说都很新鲜，这种新奇的方法让人充满力量，全身心投入。

从一个新的角度看世界　人们有时候会换一种经历，换一种看问题的视角。

注意事项

风险性　这明显是本书中比较有风险的一项活动，无法保证人们能从这项活动中学到东西，而且这项活动投入的时间较多，有可能人们到最后还觉得是在浪费时间。然而，考虑到这项活动可以很好地帮助人们释放创造力并产生新的观点，其仍值得尝试。

没有经过训练的活动组织者　尽管日常生活中，尤其是讲话的时候，人们经常即兴发挥，但将即兴发挥变成一个有意义的短剧，对我们大多数人来说都要费一番工夫。戏剧化表演非常适合受过即兴表演训练的人，或者没有接受过专业训练，但天生就是个厚脸皮的人。

卡壳　一些小组在创作短剧时，会在中间卡壳。这个时候可以召集所有的小组或全体同学，花几分钟时间进行头脑风暴，对这个短剧提出一些建议。

时间估算错误　如果这个讨论有时间限制，或者这个小组刚刚成立，不要做这个活动。大部分人都会有表演焦虑症。

干预带来的紧张感　打断正在表演的短剧，可能会让某些表演者感到很兴奋，但对那些本身就很紧张的人来说，这让他们更加紧张。如何对短剧提出新的意见或增加信息，让短剧有一个更合理的结局，活动主持人要做出示范。

脱离原来的剧本 有时候干预剧情可以让这个短剧完全脱离原来的剧本。需要提醒小组，他们不需要按照一个即兴的提示来改变自己原有的剧情。

适用该方法的问题

- "在我们这个团队中，行动充满激情是什么样子的？"

- "这篇文章最具争议性的部分是什么？"

- "我们如何阻止社区中的不同意见被湮没？"

- "这篇文章要表达的主要观点是什么？"

- "如果我们有轻微的歧视现象，我们应该如何做出有改进的回应？"

方法 45

讨论前预习不熟悉的材料，
讨论结束后通知结果

从詹姆士·希肯和凯特林基金会的国家议题论坛中看出，民意调查过去常常用于让人们为讨论做好准备，以及用于在讨论结束后通知所有人结果。

目的

- 促进对重要的公共政策议题的深入讨论和知情讨论。
- 探讨参与者对他们不十分熟悉的议题的观点。
- 有机会练习针对某一议题支持某种观点立场并给出理由。
- 了解人们如何在讨论中改变自己的观点。

操作步骤

• 调查参与者对某一地区或全国性议题的最初看法。

• 然后给他们一些材料，简要地介绍关于这个问题3~4种不同的立场。

• 参与者阅读这些材料，找出不明白的地方，记下这些材料所提出的问题。

• 然后参与者聚集起来参与讨论，时间较长（大约两个小时）。讨论开始时要制订基本的原则指导讨论行为。

• 活动的主持人总结关于这个议题的几种立场，或者播放一个视频短片，展示几种不同的观点。

• 活动主持人引导人们进行讨论，给所有的小组同样的时间来检查假设、提出问题、指出不明白的地方，交流针对每个立场的相关经验。

• 讨论主持人让参与者对彼此做出评论（不是对主持人做出评论），然后提出问题，让参与者说出他们的假设并解释原因。

• 一旦讨论完所有的立场，参与者相互交流他们所学到的东西，在讨论之后，他们是如何改变自己的观点或者是否改变了自己的观点。

• 进行投票后的民意调查，看看人们是如何因为讨论改变了自己的观点。

适用场合和情景

社区论坛 这项活动适用于社区论坛，在论坛上，人们对一些公共政策有共同的兴趣。讨论这一话题的人们会愿意花时间参与各种立场的讨论，仔细考虑自己的选择。

学术场合 议后民意调查是调查某个话题的好方法。这个话题有三到四个明显的理论传统，3~4个不同的分析框架或者道德问题，有几种可能的回答。

时间充裕的情况 这一过程至少需要半天。人们要研究不同立场并简单总结，制定基本原则，花费较长的时间和精力来讨论不同的立场，这只有在时间充裕的情况下才可以进行。

优点

培养批判性思维 这需要人们检查他们的假设，提供有力的证据，并说明理由，这些都是批判性思维的重要方面。

肯定知情民意的价值 相比而言，人们是否改变观点不重要，重要的是人们是否在得知数据和证据的情况下得出自己的观点。

理解反对的观点 人们在了解相对立的观点时，更容易找到共同之处。

注意事项

容易疲惫 这对很多参与者来说很耗时间。

讨论活动的简报马虎草率、不完整 为了让这项活动顺利进行，关于不同立场的简报材料一定要真实准确、书写工整并且表达清晰。整理这样的简报也需要花费时间。

活动主持人的偏袒行为 讨论活动的主持人要保持中立，不能暗中支持某一立场。他们的工作就是帮助人们互相学习不熟悉不支持的立场。

省去最后的讨论　在最后的讨论阶段，听所有人讲述他们学到的东西以及他们是否改变了观点，是非常有必要的。要确保留出最后讨论的时间。

适用该方法的问题

一些政策性的问题，例如：

- "什么样的税收政策是公平的、不会造成过重的负担却足以满足国家首要的发展需要的？"
- "民主国家的医疗制度是什么样的？"
- "我们如何应对难以解决的高失业率问题？"
- "一个社区如何改进公立学校的制度？"
- "怎样公正地解决美国的移民问题？"

方法 46

对成员的发言进行评论并作出决策

受到某项决策影响的所有人都应该参与到决策的制订中，对于自己不接受的事情不需要去执行，大卫·格雷伯的民主项目就是基于这样一个理念。这个方法将这一理念付诸行动。

目的

- 以一种更深刻、更加赏识的态度来达成一致。
- 争取在做决定的时候，让每个人感到自己的观点和想法受到了重视，得到了回应。
- 练习形成一致决策的基本原则。

操作步骤

- 讨论开始前，活动主持人制定一些基本的原则，与格雷伯的理念大致相同，目的是达成一致意见。

  ◆ **原则1**：任何人对一个提议或者做法发表看法，要给予其机会。

  ◆ **原则2**：任何人对一个提议表示反对或担忧，都给予其合理的机会来影响最终的结果。

  ◆ **原则3**：任何人希望反对或阻止一项提议，是因为这项提议违反了一项重要的原则，也都可根据自己的想法对这项提议提出修改。

  ◆ **原则4**：任何人，如果认为这项提议不可行，则不必接受。

- 有人提出一个认为能解决这个问题的建议或做法。

- 提出一些阐释性的问题，确保所有人都理解这项提议。

- 主持人让参与者提出一些问题，包括：（1）善意的修改；（2）测体温，了解小组成员对某一提议的态度；（3）修改意见，比如将这项提议与其他提议合并或删除。

- 主持人提出某个意见"靠边站"，即一些反对意见不足以阻止这项提议，却能找到这项提议的一些缺陷。

- 然后主持人要求"阻止"，即如果有些事情让这个提议搁置或者无法深入讨论，造成潜在的危害。如果对这项提议没有"阻止意见"或几乎没有可能"靠边站"，这项提议就是可行的。

- 还要进行投票，大多数人，即70%及以上的人要通过这项提议。在占领运动中，投票通过的人数需达到90%，这样的投票可以看作必须或是权宜的。

缩减版

也可以将这一过程加以简化：

• 在决策制订的讨论阶段，活动的主持人规定，所有的评论都要基于之前发言者的评论之上。

• 主持人对要解决的议题提出一系列阐释性的问题。

• 对一些做法提出担忧，修改甚至废除建议。

• 主持人要求反对意见"靠边站"。

• 主持人要求"阻止"。

• 主持人要求每个人表达是否同意——五根手指表示完全同意，一根手指表示"靠边站"，拳头表示"阻止"。

• 参与者根据整体印象或者通过正式投票，经70%的人同意后，方可作出决定。

• 参与者按照简要概述制订决策的过程。

适用场合和情景

社区组织　在基层社团和一些非正式会议中，这一活动与罗伯特议事规则相比，稍显不够遵重法律。

在层级分明的机构和学术场合　对于那些认为争取一致同意会引发混乱的人来说，这项活动会改变他们的偏见。他们会对这项活动的条理性和自己容纳不同观点的能力感到惊讶。

优点

清楚全面　人们在投票之前对提议进行仔细的构思、修改和否定。

倾听每个人的意见　允许所有人在决策制定的过程中发言，甚至在争取最广泛的一致意见时也允许提反对意见（靠边站和阻止）。

注意事项

要提出一个好的基本原则建议　寻求一致的第一步是提出一个好的建议，能如实地反映人们如何在一个有意义的讨论中交流互动。其中一条可以是其他人不允许在会议或讨论上发言，除非他（她）的发言是基于前一个发言者之上的。还可以是，所有的发言不得超过1分钟，或者每个发言者在研讨会或班级讨论中发言不得少于一次。

避免轻率地阻止　一开始人们会因为他们不喜欢这个提议的某些方面而试图阻止。要允许小组继续讨论这个提议，挑战这个问题，注意不要因为一点点反对意见就不加区分地阻止。只有当人们对这个建议完全不同意时，再阻止。

适用该方法的问题

该方法是确保大多数人都参与到决策制定中，所以组织或团队希望解决的任何问题都适用于这项活动。

方法 47

参与者相互邀请，给出看法

由圣公会牧师埃里克·劳尔提出来的"相互邀请"活动，是用来促进小组间的平等讨论。这项活动非常适用于规模较小的组，而且组员对彼此的技能、知识和经验都有所了解。

目的

- 创造机会，让所有人都能参与讨论。

- 让组员自行决定讨论的进程。

- 限定讨论范围，讨论组员最关心和最感兴趣的话题。

操作步骤

- 主持人首先给出他们对某个话题或问题的看法。

- 然后活动的主持人邀请下一个人说出他（她）的想法。这个人有足够的时间来思考如何回答，不要让他（她）感觉自己是被迫回答问题的。

- 在第二个发言者说完后，他（她）邀请下一个发言者。

- 当一个人被邀请发言时，他（她）可以不发言，但要邀请下一个人发言。

- 这一过程持续进行，直到所有人都被邀请发言。

- 那些一开始没有发言的人，可以再次被邀请发言，说出他们对这个话题的看法。

- 然后再进行开放式讨论。

适用场合和情景

集会 这个活动起初就是在集会中发起的，后来被广泛用于一些学习活动或者集会决策制订上。

成立时间较久的小组 人们彼此之间都很熟悉，可以根据自己的经验和经历决定下一个该邀请谁。

已经建立起发言顺序的小组 这确保了所有人都能参与发言，一个人若是有丰富讨论内容的潜能，就决定了下一个发言者是谁，而不是根据组员地位的高低进行发言。

优点

过程民主化　这个活动强调每个人都参与发言。

锻炼控制能力　小组成员完全控制了发言顺序和讨论方向。

参与者得到认可　得到直接邀请发言的机会是对参与者的一种肯定，尤其是还说出邀请原因的时候（比如，"我希望约翰起来发言，因为他对边缘群体有一些了解"）。

注意事项

讨论超时时　除非活动的主持人能够掌握时间，一些组员的发言会过长。埃里克·劳尔建议让人们提前知道大致的发言时间。

某些人感到不受尊重　一些在活动即将结束时才受邀发言的人会感觉他们不受重视，就像回到了学校或者小区的操场上，是最后一个被叫上场的人。

焦虑情绪　你在等待发言时，听到别人的发言非常精彩，会产生焦虑的感觉。

受邀作为下一个发言者时感到紧张　你在被邀请发言时，会感觉自己还没有做好准备，尤其是在你找不到相关的发言内容时。

无法及时地发表相关看法　当参与者听别人发言时，有时候也想发表相关的看法，但这是不允许的，因为并未受到邀请。

有组员彼此不熟悉的情况　如果组员间彼此不熟悉，就不知道下一个该叫谁发言。

适用该方法的问题

这项活动非常适合规模较小的组（8～12人），每个人都可以将自己的相关经验带到讨论中来，如下列问题：

- "我们打算如何完成这项任务？"

- "针对这种情况，我们应该有什么样的反应？"

- "我们如何帮助社区改进做决策的方式？"

- "在过去的一年里，我们在对这个问题的处理上忽略了什么？"

- "我们如何应对针对我们组织的批评？"

方法 48

三人原则发言法

如果讨论组的规模较大，这是一个容易被记住的简单规则。

目的

- 防止一小部分人控制整个大组的讨论。

- 创造机会让更多的人参与讨论。

- 让人们先听几个人的发言，然后再发表评论。

操作步骤

- 活动的主持人展开大组讨论，提出一个基本原则，确保更多的人参与讨论。一旦某人发言完毕，他或她就需要等至少3个人发言后才可以再次发言。

- 但如果有人要求发言者解释、阐释或者扩展一下他（她）的发言内容，这条规则不再适用。
- 随着讨论的进行，活动主持人监督这项规则的实施情况，必要的时候，要进行干涉，确保遵守规定。

适用场合和情景

规模较大的组　非常适合规模较大的组进行讨论。

打破原有的发言模式　如果一个组已经建立起特定的发言模式，三人原则可以帮助讨论活动打破原有的发言模式，扩大讨论的范围，让更多的人参与。

避免小组急于下结论　这一活动让参与者多一些思考的时间，而不是过早下结论，或者因为某人的长篇大论而做出决定。

优点

消除恐惧情绪　那些被两三个强势的人所震慑的人喜欢在对话中实现民主。

简单易行　活动主持人和参与者表示他们喜欢这个简单的规则，容易理解和实施。

有思考的时间　内向者和需要更多时间来处理信息的人欣赏这个规则，因为其延长了思考的时间。

注意事项

人们忘记了这条规则　如果是这样的话，你要及时干预，提醒人们。

尴尬的沉默　一些自信、善辩、性格外向者不再占用小组思考的时间，讨论中会有很多沉默的时刻。你需要提醒人们这很正常，静静地思考和处理信息对知情讨论非常重要。

人们变得沉默　外向性格的人有时会觉得这个规则让他们变得沉默。这个时候，你需要向他们解释为什么要施行这条规则。

适用该方法的问题

三人原则发言法适用于任何讨论，任何问题都可以拿来提问。

方法 49

随机抽取对话角色讨论法

　　没有参与过开放式讨论的人经常会发现难以参与其中，把发言的机会让给更有经验的组员或者性格外向的人。通过分配对话角色，人们有了特定的指导和方向，知道如何参与讨论。令人吃惊的是（至少我们两人感到吃惊），很多没参与过讨论的人发现这个方法帮助很大，就是因为有一个专门的角色可以让人们找到参与的方向。

目的

- 创造参与讨论的不同方法。

- 防止讨论集中于一个话题。

- 为那些没有参与过开放式讨论的人提供指导。

- 让讨论保持新鲜感。

操作步骤

- 活动的主持人安排一些对话角色，写在一个长方形的小卡片上，同时简要地写明如何扮演各种角色。

- 这些卡片面朝下放到碗里、帽子里或者盒子里，参与者从中随机抽取。他们查看自己的角色和角色描述，不要向别人展示自己的卡片内容。

- 活动主持人告诉人们，在即将到来的讨论中，他们应该尽可能地在讨论中扮演自己的角色，不过也可以脱离角色参与讨论。

- 通常人们要扮演的角色包括以下几种：

    ◆ **问题提出者**　讨论开始时，讲述一下这个问题、难题或者议题与你已经了解的东西是如何关联起来的，或者你认为议题的哪一部分是最需要解决的。

    ◆ **恶魔的鼓吹者或者反对者**　认真地倾听任何达成一致的意见。当你听到时，要试着想出或者表达一个相反的观点。

    ◆ **裁判员**　注意一些听起来带有冒犯、侮辱性和刻薄的评论，引起人们的注意。

    ◆ **连接员**　尽你最大可能地展示参与者的发言是如何相互联系起来的。

    ◆ **欣赏者**　展示你是如何发现别人的观点很有趣或者有用的。

    ◆ **猜测者**　试着给小组介绍新的观点、新的解释和可能的询问，如："我想知道如果……会发生什么？""我想知道（主要的理论家）会说些什么？"

◆ **展示者**　尽可能多地提供关于观点的例子，来说明别人的观点。

◆ **积极的倾听者**　试着理解别人在讨论中的发言（"那么我听到你说的是……""如果我理解正确的话，您的意思是……"）或者做一些能够延伸别人发言的展示。

◆ **旁白者**　强调一下别人观点的相关性、准确度或回应，解释他们为什么这么重要。

◆ **证据的审判员**　听一些总结性发言或者未经证实的论断。询问支撑未经证实的论断的证据。

◆ **提问者**　如果可能，试着提问可以深入讨论的一些问题，如："你能举一个例子吗？""这看起来像什么？""你的观点如何和A理论联系起来？"

• 讨论快结束时，参与者对他们扮演的角色进行交流，谈论这样做会面临什么样的挑战。

适用场合和情景

过分注重竞争或对抗性的小组文化　如果小组成员将高效讨论看作尽可能地争论自己的观点，在小组中加入连接者、欣赏者、积极倾听者或旁白者会扩大讨论行为的范围。

当你希望改变习惯性的参与模式时　当人们被安排了不同的角色，就会有助于打破人们通常跟组员交流的方式。

优点

讨论形式本身的优势　在小组中扮演一个角色会提高你对讨论的

预见性。

多样性　不同的角色会让讨论更加有趣，阻止偏离话题。

注意事项

过多地关注一个角色　有时候人们会沉迷于扮演这个角色，以至于无法参与讨论。要强调一下扮演角色不会阻止其他人发言。

每个角色任务的复杂性　一些角色要比另外一些角色的要求更高。比如，做恶魔的鼓吹者、证据的审判员或裁判员比做欣赏者或连接者要求更高。有时候，将更复杂的角色分配给能胜任的人会更好，那么一些方法稍差的人也可以从中学习。

扮演角色不专业　没有一些具体的细节展示如何扮演这些角色，人们会搞混，造成的危害大于好处。比如，一个裁判员可以以私人的判断方式指出某些组员违反小组基本规则的地方。为了展示每个角色，作为活动的主持人，可以在会议和讨论中演示一遍，"现在我要去扮演恶魔的鼓吹者"，或者"在接下来的5分钟，我要去做证据的审判员"。

适用该方法的问题

讨论中提出的问题决定了参与者扮演的很多角色。比如，如果你的问题是一个挑战集体思考或者组织标准的问题，那么恶魔的鼓吹者或反对者、猜测者和证据的审判者的角色就变得更加重要。如果问题是评价参与者对复杂材料的理解，那么解释者和提问者的角色就至关重要。

方法 50

主持人预留时间总结讨论，
评价讨论过程

作为主持人，必然希望参与者积极发言，使讨论顺利进行。但是随着活动进行，偶尔会听到一些发言，或比较无知，或省略了重要数据，或者对正在讨论的话题理解有误。该怎么办？如果一位比较沉默的女士终于开始发言了，作为主持人，最不想做的事情就是纠正她发言中的错误，打击她的积极性。在这种情况下，我们设计了主持人总结讨论这个方法，在讨论的最后预留出时间，让主持人进行概括评价。在这里，我们要感谢艾拉·肖提出了对话式讲座的概念：观察学生之前的讨论，然后再做评价。

目的

- 让主持人有时间改正讨论中出现的误解和事实错误。

- 主持人可以让各组注意一些省略的观点、忽略的看法和未公开的数据。

- 为活动的召集人提供机会，让他们参与讨论。

- 让主持人有机会对讨论的过程进行评价：什么地方进展较好，出现了什么重要的问题和议题，下一次可以如何改进，以及其他一些值得考虑的问题，等等。

操作步骤

- 开始的时候，主持人告诉大家，他们的职责就是提出问题，确保每个人都有机会发言，以及让讨论不要偏题。

- 主持人表示将会认真听取讨论发言，如果有任何错误陈述、错误、省略或者误解，他们会记下来，在讨论的最后提醒大家注意。他们解释道，这样做是因为主持人的职责是确保讨论顺利进行，而不是打断讨论。

- 在讨论结束前10分钟，主持人总结讨论中的遗漏、误解和误述，同时对各组的讨论过程进行评价。

适用场合和情景

学术场合 这个方法非常适用于学生在讨论中解释和运用新的内容。

解决问题的会议 当人们正在进行头脑风暴、给出多种解决方法和解释时，一定不要打断他们。

培训讨论会 当人们试图理解新规定对他们的工作会有什么影响或者正在运用一项新技术时，这个方法非常有用。

参与者之间尚未建立起信任的时候 这项活动非常适用于主持人认为此时纠正某人的评价会让所有人集体沉默的情况。然而随着彼此间建立起信任，这项活动也就不那么有效了。

优点

避免参与者在公众面前出丑 那些犯了错误的人会非常感激主持人没有打断他们，让他们在公众面前出丑。

尊重事实 那些知道自己发言有错误或者对某个问题理解有误的人很乐意看到主持人将其指出来。

主持人态度公开 那些想知道主持人观点的人可以听到主持人的判断和观点。

注意事项

明显的错误 有时候人们错得太离谱，主持人不得不干预。通常是主持人知道某人所说的一个重要事实或者关键事实是错误的，或者某人对某个概念或理论的解释与其本义完全相背离。如果主持人对讨论中的关键部分产生了误解，讨论就会收效甚微。

脱离语境的评价 有时候主持人在讨论结束时所做的评价偏离语境，如果主持人不知道最初提出这个观点的语境，很难知道究竟说了什么，以及为什么这个观点很重要。

很难回忆讨论中指出的问题 在讨论结束的时候，要想说出所有要指出的问题，对任何一个讨论主持人来说，难度都很大。

适用该方法的问题

这个方法并不是要提出问题。

刻意练习
如何成为一个高手

ISBN：978-7-5153-4665-6
著　者：(美)道格·莱莫夫、艾丽卡·伍尔韦、
　　　　凯蒂·叶兹
出版时间：2017.5
定　价：39.00

★　美国公认经典练习书
★　一种简单到极易被人忽略，却又无比强大的
　　成功模式！
★　用最科学的精进方式，让自己、员工、孩子、
　　学生、学员把事情做到极致

改变全球 9800 万人的学习与成长轨迹，每 30 秒钟便有一人受益于它
42 个刻意练习方法，专注解决你的进步瓶颈，最大限度发掘你的潜能

　　练习极简单，又极复杂，每个渴望进步的人，无论从事什么行业，无论是领导者还是员工，都希望掌握练习的方法，抓住练习的规律，以把事情做到极致。那些持续奋斗、成长和发展的人之所以成功，正是因为他们一直在不断地刻意练习。

　　全美培训界最引人注目的导师通过大量发生在顶级运动员、专职教师、资深律师和经验丰富的外科医生身上的实例，有理有据地告诉我们生活中最重要的事情是如何在精心策划的刻意练习指引下发生翻天覆地变化的。

　　在本书中，作者立足具体、实际的刻意练习，教会每个人利用那些经过仔细筛选且相对简单的方法，帮助人们成为特定领域的高手。这些刻意练习方法包括：专注练习20%的核心技能；练习最擅长的，放大优势效应；反复练习正确动作，加强大脑记忆；研究成功者，并进行正确复制；将技能分解，进行专项练习；预先知道练习关键点；有效利用反馈，及时改进；对抗惰性，让练习充满乐趣……

　　本书涉及的刻意练习方法一直被个人与管理者不断实践，所有遵循这些方法的人，都成功掌控了自己的工作和生活，并从中获得了无限快乐和幸福，所有遵循这些方法的政府、公司、学校等组织都成功激发了团队的潜力，并获得了所向披靡的力量。

如何阅读

一个已被证实的低投入高回报的学习方法

作　　者：美国普林斯顿语言研究中心
　　　　　（美）艾比·马克斯·比尔
ISBN：978-7-5153-4684-7
出版时间：2017年5月
定　　价：39.00元

★　美国公认经典阅读书

★　风靡全球的"个人 MBA"计划（The Personal MBA）推荐的第一本书

★　掌握普林斯顿阅读法，高效学习并轻松记住所读重要信息

在简单易学的练习与训练中，获得革命性阅读技巧！

　　在碎片化阅读时代，阅读的时间越来越少。本书介绍的普林斯顿阅读法，能帮助你提升阅读速度，20分钟提高阅读速度300%，从而实现在更短的时间阅读更多书籍、杂志、文章，同时它能帮助你提升阅读能力，理解并记住核心重要信息。这套由美国普林斯顿语言研究中心发明的阅读法，已经介绍给所有常春藤联盟校的学生使用，曾经在飞机上帮助一个人5分钟提高阅读速度34%。

　　本书全方面展示高效阅读的十个重要方法，每一章都配以相应的练习和训练小提示。通过阅读本书，你将学会：

- 如何改掉影响阅读速度的坏习惯；
- 如何提高专注力；
- 如何快速提升眼睛获取信息的技能；
- 怎样读懂专业文章；
- 如何带着目的和问题去阅读，吸收消化；
- 如何批判式阅读、如何略读、扫读、跳读；
- 如何利用碎片时间清理堆积的待读材料；
- 如何做到几个月后仍可轻松回忆阅读过的大部分内容；
- 如何在快速阅读后，深度理解，以更清晰的方式思考。

……

学习之道

美国公认经典学习书

ISBN：9787515342641
作　　者：(美) 乔希·维茨金
出版时间：2017.5
定　　价：39.00元
出 版 社：中国青年出版社

- ★ 《罗辑思维》罗振宇、果壳网创始人姬十三推荐
- ★ 这是在任何领域都能成功的学习方法
- ★ 这是任何人都适用的终身深入学习法
- ★ 教你"以最小的努力赢得最大的成就"

★ 作者简介

乔希·维茨金（Josh Waitzkin） 少年时曾8次在全国象棋冠军赛中夺魁，13岁即获得象棋大师头衔。他是《王者之旅》(又译《天生小棋王》) 一书及同名好莱坞电影的主人公，声名鹊起。18岁时，他出版了个人第一本书《乔希·维茨金的进攻性象棋》。20岁之后，他开发了世界上最大的计算机象棋程序"象棋大师"，并成为其代言人。

在纵横西方棋坛十年后，维茨金22岁开始研习太极拳，并连续21次赢得全美太极冠军及世界冠军头衔，成为"太极拳王"。他的传奇经历及成功心法被美国人奉为学习经典，竞相追随效仿。

★ 内容简介

在竞争激烈的高阶领域，决胜关键不仅在于知识多寡，还包括心理层面的锻炼：承受压力、把阻力化为优势，以及体能和情绪迅速复原的能力。而真正的学习赢家，能够在追求卓越的过程中持续总结心得，最终以健康的心态和纯熟的技巧，表现出最好的自己。

世界冠军，天才神童乔希·维茨金回首20年巅峰体验，为你逐一揭开在所有领域获取成功的共通秘笈：

- 学习从热情出发
- 先学会输，才有机会赢
- 让我们攀上高峰的不是奇招，而是熟能生巧的基本功
- 专注当下，使生活更丰富精彩
- 学习是一场心智马拉松

……